日本軍

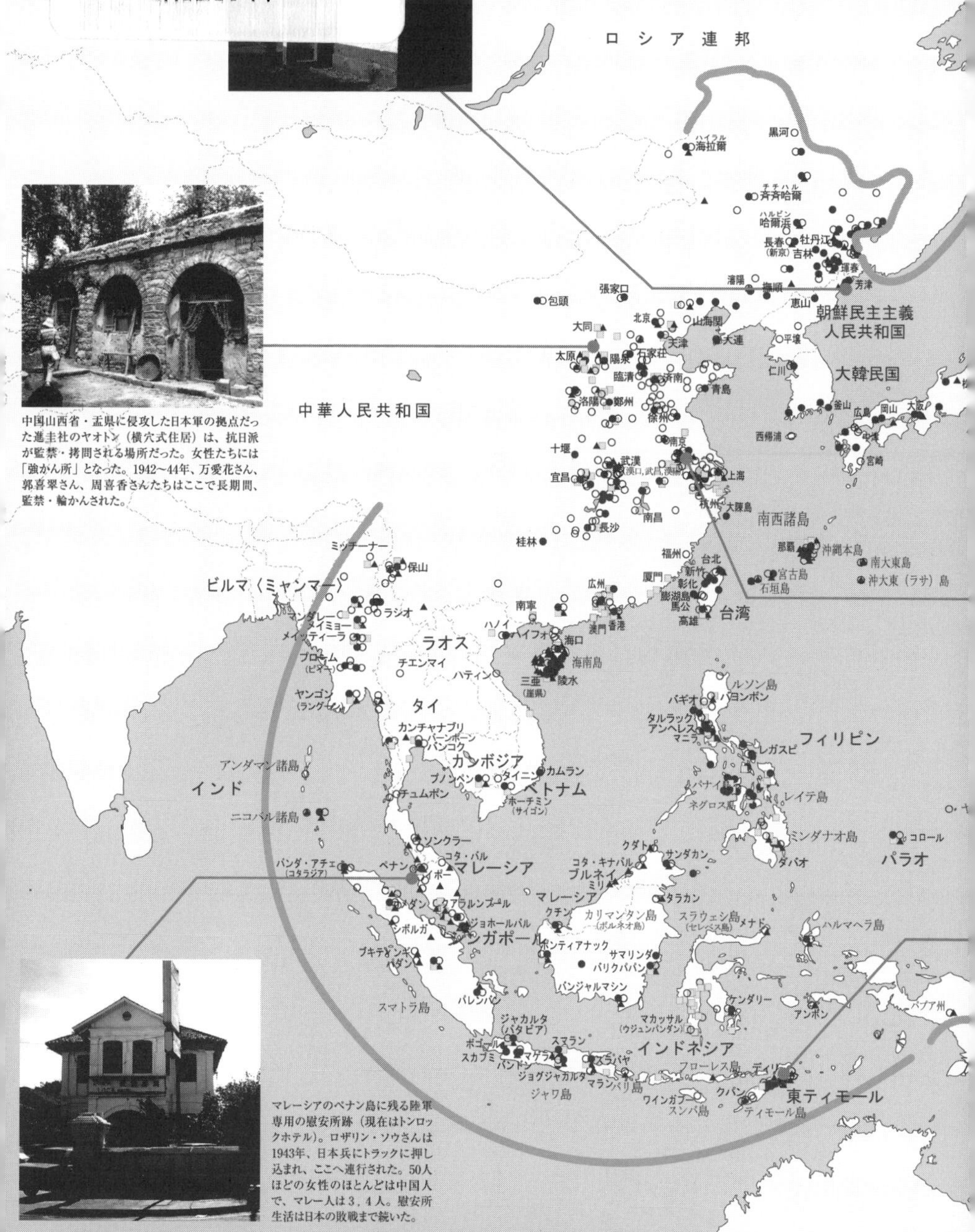

中国山西省・盂県に侵攻した日本軍の拠点だった進圭社のヤオトン（横穴式住居）は、抗日派が監禁・拷問される場所だった。女性たちには「強かん所」となった。1942〜44年、万愛花さん、郭喜翠さん、周喜香さんたちはここで長期間、監禁・輪かんされた。

マレーシアのペナン島に残る陸軍専用の慰安所跡（現在はトンロックホテル）。ロザリン・ソウさんは1943年、日本兵にトラックに押し込まれ、ここへ連行された。50人ほどの女性のほとんどは中国人で、マレー人は3，4人。慰安所生活は日本の敗戦まで続いた。

wam
アクティブ・ミュージアム
女たちの戦争と平和資料館
women's active museum on war and peace
アクティブ・ミュージアム「女たちの戦争と平和資料館」
〒169-0051　東京都新宿区西早稲田2-3-18　AVACOビル2F　tel 03-3202-4633
ウェブ版慰安所マップ　http://www.wam-peace.org/ianjo-map/

Fight for Justice ❖ブックレット2

性奴隷とは何か

シンポジウム全記録

2014年10月26日　在日本韓国YMCA

Fight for Justice
日本軍「慰安婦」―忘却への抵抗・未来の責任

日本軍「慰安婦」問題webサイト制作委員会編
吉見義明　小野沢あかね　前田朗　大野聖良
金富子　林博史　東澤靖　著

御茶の水書房

カバー画＊ユン・ソクナム
《母娘》二〇〇一年　ドローイング

はじめに

二〇一四年一〇月二六日、本委員会は、Fight for Justice 開設一周年&ブックレット出版記念シンポジウム「性奴隷とは何か」を韓国YMCA（東京・水道橋）で開きました。会場には定員をはるかに上回る参加者が参集し、立ち見がでる盛況でした。また、Fight for Justice ブックレット1『「慰安婦」・強制・性奴隷――あなたの疑問に答えます』も飛ぶように売れました。

この年八月、『朝日新聞』が「慰安婦」報道検証記事で吉田清治「済州島で連行」証言記事を取り消す報道をして以降、政府首脳、保守系新聞・週刊誌、テレビ番組などを通じて「国賊」「売国」などと連呼する常軌を逸した朝日バッシングが続き、これらは理不尽な「慰安婦」バッシングに転化しました。その最大の焦点が「慰安婦は性奴隷か否か」でした。「性奴隷とは何か」をテーマにしたシンポジウムに多数の市民が参加したのは、公然と歴史修正主義が進行する日本の現状に危機を感じ、シンポジウムやブックレットに反論の根拠を求めたためではないかと思われます。

シンポジウムでは、本委員会共同代表の吉見義明さんが問題提起を行なったあと、小野沢あかねさん（日本近代史・女性史／立教大学教授）が「戦前日本の公娼制度と性奴隷認識」を、前田朗さん（刑法と国際人道法／東京造形大学教授）が「国際法における軍の性奴隷制度」を、大野聖良さん（ジェンダー研究／日本学術振興会特別研究員）が「現代日本における人身取引問題――性的搾取を中心に」を報告し、活発な質疑応答を行ないました。

本書はこのシンポジウムの記録ですが、国際法の専門家であり、「慰安婦」裁判を担ってきた弁護士の東澤靖さんから『「慰安婦」制度は、性奴隷なのか――国際法の視点から』を寄稿していただきました。本書は先に述べたFight for Justiceブックレット『「慰安婦」・強制・性奴隷』に続く第二弾ブックレットでもあるので、あわせてお読みいただけると理解が深まると思います。

戦後七〇年をむかえる今年、公表が予定されている「安倍談話」は、軍の関与と「慰安婦」への強制性を認めた「河野談話」（一九九三年）、「植民地支配と侵略」への「お詫び」を表明した「村山談話」（一九九五年）を事実上打ち消すのではないかと懸念されています。

しかし、日本の過去に日本軍「慰安婦」制度をはじめとする加害の事実がなかったことにはできません。「慰安婦」の実態は性奴隷であったことを否定するさまざまなバージョンの歴史修正主義に抗うために、本書がその一助になれば幸いです。今後も、明確な出典と根拠にもとづくFight for Justiceのwebサイト（http://fightforjustice.info/）を充実させ、さらなるブックレットの刊行をめざしていきたいと思いますので、アクセスとご支援をお願いします。

二〇一五年三月一日

日本軍「慰安婦」問題webサイト制作委員会

日本の戦争責任資料センター

「戦争と女性への暴力」リサーチ・アクションセンター（VAWW RAC）

性奴隷とは何か──シンポジウム全記録

CONTENTS

凡例

＊「慰安婦」という用語は、実態を隠す用語なので、カッコをつけた。

性奴隷とは何か

シンポジウム全記録

1

プロローグ・連帯メッセージ

FIGHT FOR JUSTICE
日本軍「慰安婦」――忘却への抵抗・未来の責任
http://fightforjustice.info/

Fight for Justice開設一周年＆ブックレット出版記念シンポジウム「性奴隷とは何か」
2014年10月26日　在日本韓国YMCA 9階ホール（東京・水道橋）

プロローグ

岡本有佳　本日は日曜日にもかかわらず、こんなにもたくさんご参加いただきありがとうございます。日本軍「慰安婦」問題webサイト制作委員会の岡本有佳と申します。本日全体司会をさせていただきます。

これより、慰安婦」専門サイトFight for Justice開設一周年&ブックレット出版記念として、シンポジウム「性奴隷とは何か」を開催いたします。

「慰安婦の実態は性奴隷である」ことは、もはや国際社会の共通認識となりました。しかし、安倍政権下の日本では、国際社会の認識とは真逆の、歴史修正主義的な「慰安婦」ヘイトスピーチが席巻して、解決を阻んでいます。

そこで、本日は、〝そもそも「性奴隷」とは何か〟を共通テーマに、①戦前日本、②一九九〇年代以降の国際社会、③現在における「性奴隷」認識や実態に関して、各分野の専門家を招き、認識と議論を深め、解決への途を探りたいと思います。

本日出版のブックレット『「慰安婦」・強制・性奴隷――Q&Aあなたの疑問に答えます』は、朝日新聞バッシングのなかで、いまあらためて必要な基本的な「問い」について、最新の研究成果を盛り込みました。今日は出版記念として特別価格で販売します。ぜひ一冊でも二冊でもお願いします。

ではまずサイト委員会の林博史さんより開会のご挨拶をお願いします。

開会のあいさつ

林博史　みなさん、こんにちは。今日はこんなにたくさん集まっていただきありがとうございます。席がない方には申し訳ないのですが、最後までよろしくお願いします。

ご存じのように、私たちのサイト Fight for Justice は、一昨年(二〇一三年)八月一日にオープンいたしました。とにかく最近は多くの方々が本をなかなか読まず、ウェブサイトでさまざまな情報を得る傾向が強いのですが、その情報があまりにもひどすぎるので、きちんとしたサイトをつくろうと考えてこのサイトを開設し、一年あまり経ちました。一周年にあわせてシンポジウムと、ブックレットを出そうと準備を進めてきましたが、ちょうどそのときに『朝日新聞』の「慰安婦」問題に関する検証記事が出て、それ以来、否定派によるすさまじいキャンペーンがはじまりました。ブックレットの準備が遅れていたことでかえって、この朝日の問題をどう考えるのかも含めブックレットで取り上げることができました。今日は出来立てほやほやですので、ぜひお買い求めをいただいて、すでにサイトに載っているものもありますが、今回新たに書き下ろした項目もいくつかありますのでご参照ください。

右派の「慰安婦」否定派のキャンペーンは大新聞や大きなメディアが会社

の金を使って大規模にやっていますが、われわれのサイトは組織的なバックアップはありませんので、すべて手弁当でやっています。ですからぜひ多くのみなさんのカンパをお願いしたいと思います。

この間、「慰安婦」問題そのものがねつ造であるかのようなキャンペーンが打たれています。また、今日お話しをする吉見義明さんが裁判を起こしていますが、そこでもいよいよ性奴隷制をめぐって本格的な議論に入ってきています。数年前までは「慰安婦」問題と言うと、ほとんどメディアからも忘れ去られてこのまま消え去っていくのではないかという危惧があったのですが、「慰安婦」問題はきわめて大きな問題であることが、否定派のキャンペーンによって——否定派がこれだけこだわっている、つまり、これはきわめて重要な問題なんだということが逆に浮き彫りになっているのではないかと思います。

そういう意味で今日のシンポジウムは、「性奴隷制」を正面から議論をする場ですけれども、この問題が日本社会のなかで広く関心を集めている状況で、市民のみなさんと一緒に考える絶好の機会にしていきたいと考えています。また、私たちのサイトを、ブックレットも含め、国際社会に対して日本には非常識な人間ばかりじゃない、良心がある市民がたくさんいるんだということを知ってもらう、そういう反撃のきっかけにしていきたいと思っています。最後までよろしくお願いいたします。

フェリシダッド・デ・ロス・レイエス
レチルダ・エクストレマデュラ

岡本　本日、フィリピンで日本軍兵士による性暴力を受けられた被害者のフェリシダッド・デ・ロス・レイエスさんがいらっしゃっています。連帯アピールをお願いしたいと思います。フェリシダッドさんは一四歳のときに日本軍の兵士から性暴力を受けました。続けて、フィリピンで性暴力被害者、および「慰安婦」にさせられた女性たちの支援をしているレチルダ・エクストレマデュラさん、お二人からアピールしていただきます。よろしくお願いいたします。

フェリシダッド・デ・ロス・レイエス　みなさん、こんにちは。私はフェリシダッド・デ・ロス・レイエスと申します。フィリピンにある日本軍「慰安婦」被害者と支援者の団体、リラ・ピリピーナというところから参りました。

私は戦争中、小学校に通っていたとき、ある日教室に二人の日本兵が来て、教室にいた私を連行しました。当時、日本軍の駐屯地が小学校敷地内の別の建物にあり、私はそこに連れて行かれました。一四歳でした。いま八六歳になります。私は小学校の建物の裏にあった日本軍の駐屯地で別室に閉じ込められ、そこで四日の間毎日、多数の日本兵からレイプされる非常に苦痛な体験をいたしました。私は四日目に高熱を出したため、日本軍は私を解放しました。日本兵は私を家まで送ろうかと言いましたが、それを断ってふらふらになりながら家に帰りました。

私は生き証人です。日本の安倍首相は強制はなかったと言っていますが、それはまさしく強制でした。当時そんな年齢だった私には何が起きるかは想像もできませんでした。教室に日本兵がやってきて連行されたのです。先生も日本軍を非常に恐れていたので私を行かせるしかありませんでした。

無理やり手をつかまれ駐屯地へ連れ込まれ、そこで被害にあったのです。当然、駐屯地に連れて行かれてからも私はずっと抵抗を続けました。彼らが襲って来たときも私は思い切り抵抗しましたが、敵いませんでした。

私は当時の戦争の被害をいまに語ることのできる残り少ない証言者になってしまいましたけれども、みなさんの支援を本当に感謝しています。ありがとうございました。

レチルダ・エクストレマデュラ　私たちの組織リラ・ピリピーナは、日本軍による戦時性暴力を受けたフィリピン人女性被害者と支援者で構成される支援団体で、私たちが記録できた被害者は一七四名になります。彼女たちが語る証言は共通しています。みんなそれぞれ当時、フェリシダッドさんのように、一三歳から一四歳の少女を含め未成年者が多く、また、彼女たちはシンプルな普通の若い女の子でした。みなさん地方の村などに住んでいましたが、そこを日本軍が占領し、彼女たちを無理やり、強制的に駐屯地に連れて行き、そこで強かん、性的奉仕を強要したわけです。

今日紹介していただいたフェリシダッドさんの場合は四日間ですが、さまざまな期間があって、多くの女性が、フィリピンだけではありません、アジアの多くの女性が同じような被害を受けています。

しかし、最近、日本政府は安倍首相のもと、この「慰安婦」加害に対して強制性はなかったと言っています。これは私たちにとって非常に許すことのできない発言です。日本政府は一度、河野談話という形で「慰安婦」制度に対して政府が間接的、直接的に関与したと認めています。それをいま、組み直してその中身を変えようとしているんじゃないですか。非常に危惧しています。

国際社会は、日本軍「慰安婦」制度は戦争犯罪であり、人道に対する罪であると認識し、国連人権諸機関からは、この問題を解決するよう、数々の勧告が出されています。

しかし、日本政府は二〇〇一年に教科書を見直して、中学校の歴史教科書から「慰安婦」の記述が消されたとも聞いています。こういう状況がさらに続くなか、河野談話を変えられては堪りません。私たちは過去二三年にわたって闘ってきましたが、多くの被害者たちはすでに高齢になっています。今は私たちが一致団結して、この動きを止めるよう、闘い続けるべきだと考えております。どうもありがとうございました。

（通訳：澤田公伸）

岡本 どうもありがとうございました。リラ・ピリピーナの活動は経済的に非常に厳しい状況だそうです。のちほどカンパ袋を回しますのでぜひみなさんのお心をくだされればと思います。フェリシダッドさんは非常に体調がお悪いので、これで退場されます。拍手でお送りしましょう。

フェリシダッド・デ・ロス・レイエスさん（左）とレチルダ・エクストレマデュラさん

トップページ　スライドショー

岡本　それではここで少しFight for Justiceのサイトの紹介をさせていただきます。みなさんのなかでサイトにアクセスしたことのある人はいらっしゃいますでしょうか？　ありがとうございます。でもまだ半分強くらいですね！　今日を機会にぜひ、サイトを訪問していただけるようご案内したいと思います。サイト制作委員会でWeb制作担当の松浦敏尚さん、よろしくお願いします。

まず、トップページを開くとスライドショーがあります。ここでは貴重な写真資料を順次紹介しています。

Fight for Justiceのロゴの下に、黒いメニューバー（目次）があります。「入門編」、「Q&A編」、「解決編」、「証言編」を四つの柱とし、資料編、映像、本・映像ガイド、ブログなどがあります。「入門編」、「Q&A編」のさまざまな質問をクリックすると、答えが読めるようになっています。また、そこからそれぞれ関連する資料に飛んだりできます。「解決編」では、日本軍「慰安婦」問題の解決をめざして、日本政府の見解、アジアの被害各国政府の見解、国際社会の声、世界各国の

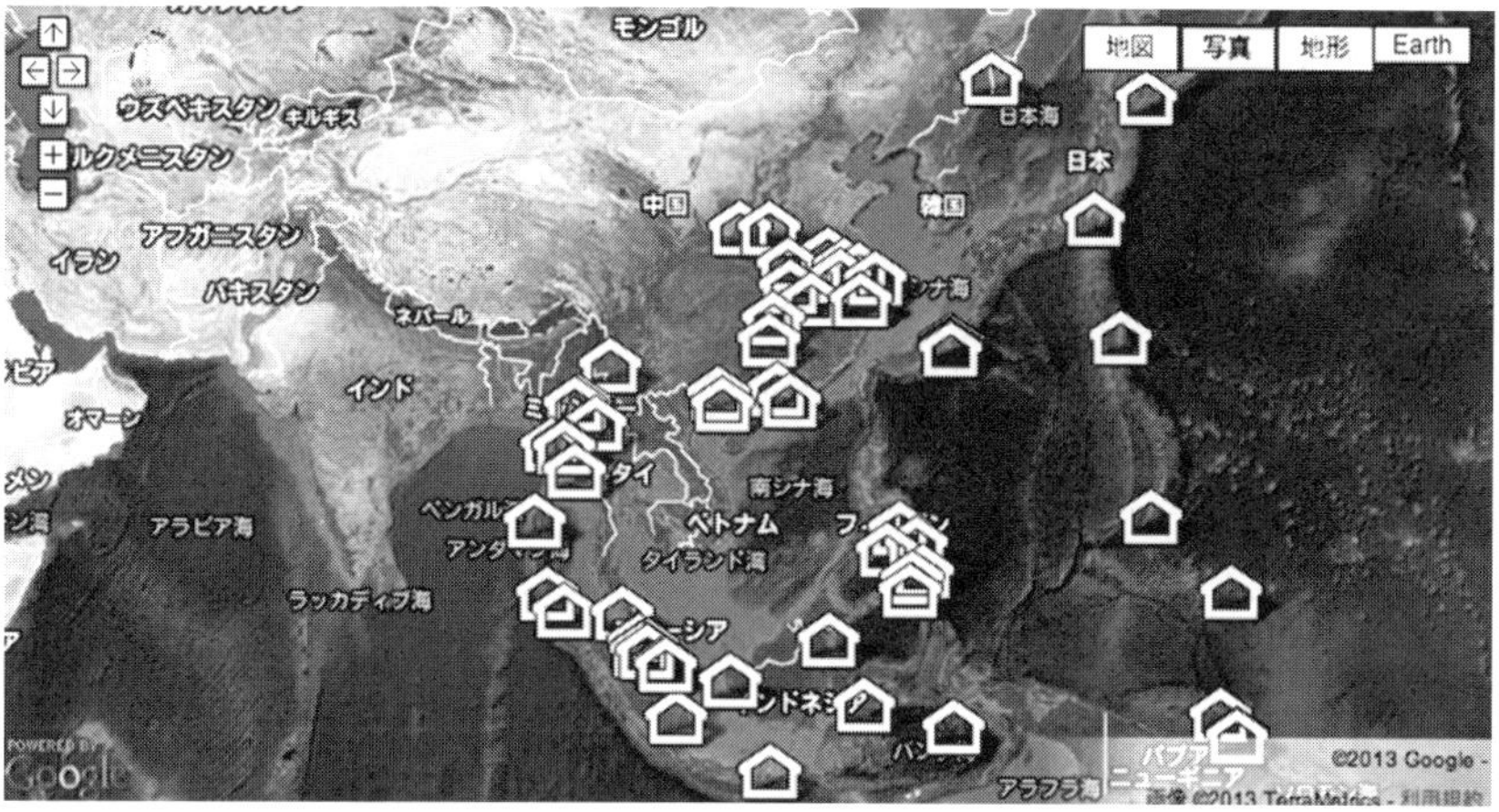

《慰安所マップ》慰安所をクリックすると、関連文書や証言が。

ヤン・ラフ＝オハーンさん（オランダ）

朴栄心さん（朝鮮民主主義人民共和国）

戦争責任・植民地責任の現況を伝えます。「証言編」では、アジア各国の被害者が名乗り出た経緯と被害者の現在、被害者と加害兵士の証言を提供します。

　トップページには、慰安所が世界にどれくらいあったのかが一目でわかる「慰安所マップ」があります。被害者・加害兵士の証言、公文書などにもとづき作成しました。慰安所のマークをクリックすると、その都市・町に関連する公文書や証言などが出てきます。

　インターネット上では、ネット右翼（ネトウヨ）と呼ばれる人々による、根拠のない否定や、被害者たちの名誉を傷つける情報があふれています。そうしたサイトは、七言語で展開しているものまであります。現在私たちのサイトは日本語がメインですけれども、英語、中国語、朝鮮語と順次整えているところです。

　本サイトは専門家と市民が手づくりで運営しています。趣旨にご賛同いただければ、カ

女性国際戦犯法廷や証言の映像も。

トマサ・サリノグ
（フィリピン）

黄阿桃（台湾）

ンパへのご協力をよろしくお願いします。目次バーの「寄付」のところをご覧ください。

「映像」のところをクリックすると、女性国際戦犯法廷の貴重な証言映像が見ることができます。そして、世界各地からのさまざまな分野の研究者、活動家、アーティストの方々からの連帯メッセージも集めてみなさんに発信するための「3分メッセージ」というビデオメッセージが並んでいます。今日はそのうちの二つ、世界の知識人はどう見ているのかをご紹介しましょう。国際政治学者のシンシア・エンローさんと、韓国の歴史家の韓洪九《ハンホング》さんのメッセージをご覧ください。

（シンポジウム後、収録したキャロル・グラックさんのメッセージもあわせて収録します。）

シンシア・エンロー　Cynthia Enloe

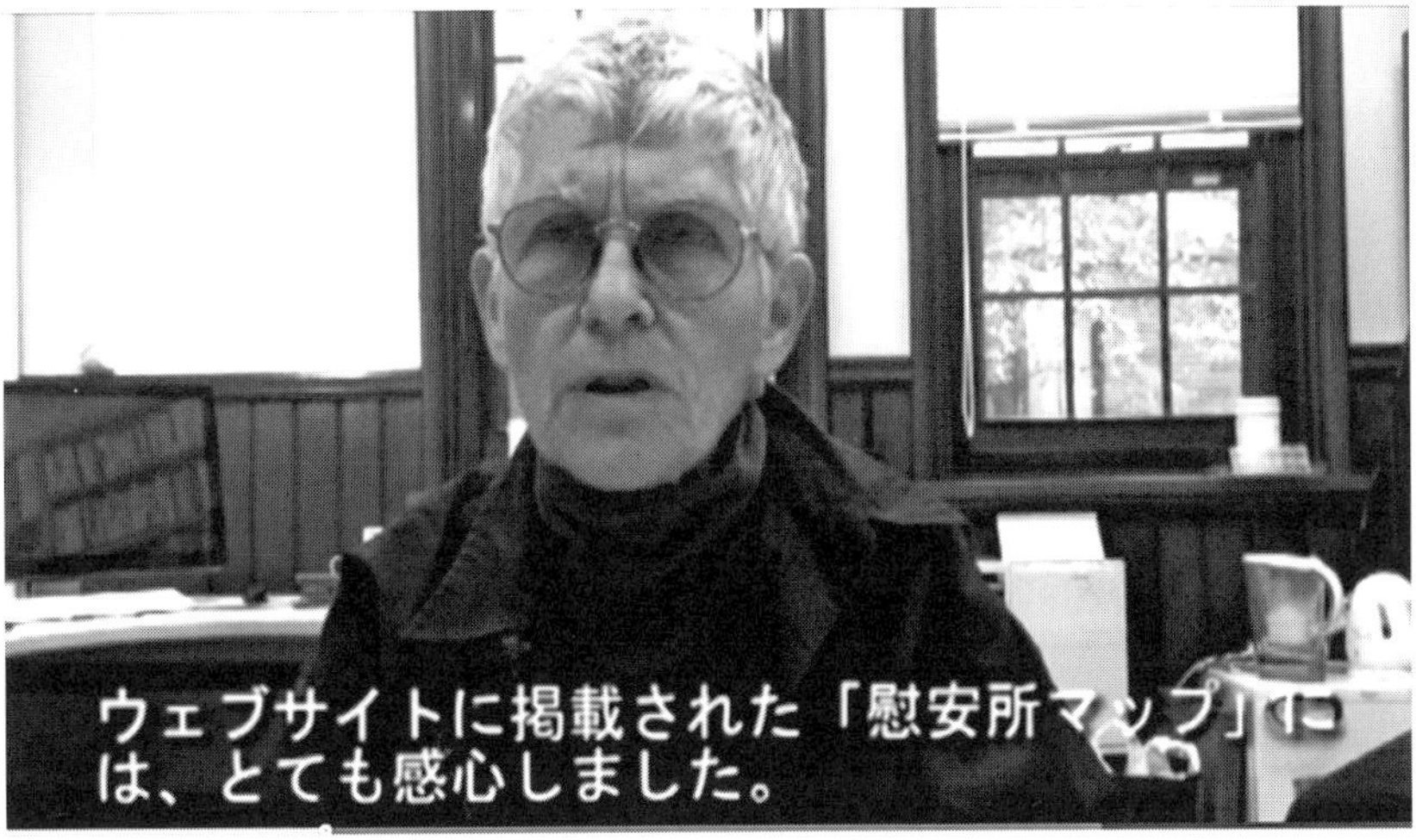
ウェブサイトに掲載された「慰安所マップ」には、とても感心しました。

以前より、本ウェブサイト Fight for Justice を拝見したいと思っていました。私にとって、初めて知ることばかりでした。私は、日本軍「慰安婦」発覚の経緯に注目しようと努めてきました。しかし、いまだに多くのことが明らかになっていません。ウェブサイトに掲載された「慰安所マップ」には、とても感心しました。閲覧する多くの方にとって衝撃的なものであると思うので、みなさんには、作成された「慰安所マップ」を注意深くご覧になるよう、強くお勧めします。

さらに、日本軍「慰安婦」制度から生還した女性たちの証言だけでなく、現在、証言をするために名乗り出る日本人男性らが、第二次世界大戦時、日本軍において彼らがどのように振る舞ったかを証言しています。彼らの多くが、当時の「慰安所」を監視、あるいは利用していました。このことは、アメリカ人である私に、アメリカ軍における売春に関する懸念を抱かせました。

そこで、私たちがやるべきことは二つあると考えます。私たちには、日本軍「慰安婦」制度についてもっと知る必要があると考えます。さらに、より詳しく聞き、正義を要求する必要があります。しかし、アメリカ陸軍も第二次世界大戦時に売春に関与していたことも知らなければなりません。

日本人だけであると思い込まず、戦争を続けるために女性を利用していた点において、アメリカ陸軍も同罪であることを忘れてはいけません。私たちは、この両方について考える必要があります。

（翻訳：Y.M.）

二〇一三年一二月九日、一橋大学にて、金富子インタビュー。

●シンシア・エンロー（Cynthia Enloe）

フェミニストの国際政治理論家であり、軍事主義のジェンダー分析で国際的に第一人者。一九三八年ニューヨーク生まれ。クラーク大学政治学・女性学教授．フェミニスト国際関係論／国際政治の第一人者。日本語訳されている著書として、『戦争の翌朝』（緑風出版、一九九九年）、『フェミニズムで探る軍事化と国際政治』（御茶の水書房、二〇〇四年）、『策略　女性を軍事化する国際政治』（岩波書店、二〇〇六年）など。

韓洪九　Han Hongkoo

このおばあさんたちの証言を通して
私たちは歴史を学び、

私は平和博物館で活動する韓洪九《ハンホング》と申します。韓国現代史を専攻する歴史学者でもあります。

平和博物館の誕生は、「慰安婦」のハルモニ（おばあさん）たちと深い関係があります。一人の日本軍「慰安婦」のハルモニが中国に取り残されたまま、のちに彼女がある人に手紙を書いたことで発見されたのですが、本当に独り離れて暮らしていらっしゃって、発見され、五〇年ぶりに韓国に帰国されました。

このハルモニに定着支援金が支給されましたが、彼女は当時、お金は必要ないと、もっとよいことに使ってくれとおっしゃったんです。せっかくなら戦争被害者のために使ってくれと。それからそのお金がベトナム関連の運動をしていた「ベトナム戦争真実委員会」に届くことになり、その委員会が発展して、平和博物館となったのです。

そのハルモニの存在、そしてハルモニたちが次の世代に伝えたかった言葉は、痛みを受けた人として、このような痛みを再び繰り返してはならないという願いだと思います。そういうところで、私たちはハルモニたちの訴えに耳を傾けなくてはならないのだと思います。

日本でも韓国でも歴史を否定し、歪曲する人たちが本当にたくさんいます。その人たちがこのハルモニのか細い訴えを踏みにじり、本当にとんでもないことを言っているような状況で、正義のための闘争をしていくために、日本のなかで真実を知らせていくこのサイトはとても重要な場になるのではないかと考えます。

ハルモニたちの証言をとおして私たちは歴史を学び、その歴史が今につながっているという事実を学びます。日本の右翼はただ民族の問題として接近しているようですが、私はそうではないと考えています。それは日本だけでなく、日本が育ててきた韓国の親日派も、やはり同じようなまちがいを犯しました。朝鮮戦争の際も「慰安婦」部隊が存在していたし、その後にはヤンコンジュ（洋公主）と呼ばれた米軍相手の「慰安婦」も存在しました。その歴史はいまも継続しているのだと思います。

日本では岸信介の孫が登場し、韓国では朴正熙《パクチョンヒ》の娘が権力を握っていますが、その岸信介や朴正熙の時代がどういう時期なのかというと、まさに日本軍「慰安婦」制度を運営していた者たちが権力を握っていた時期であり、そしていま再びそれを反省しないその子孫たちが権力を握っているという状況なのです。

このサイトをとおして日本軍「慰安婦」の真実を知り、それが今日どのような意味をもつのか、このことをただ遠い過去の話としてでなく、今生きている私たちの歴史として、私たちの時代の歴史をつくっていくうえで力をもらえるようなサイトになることを願っています。

（翻訳：李史織）

二〇一三年八月一二日、平和博物館にて、岡本有佳インタビュー。

●韓洪九（ハン・ホング、한홍구、Han Hongkoo）
歴史学者。一九五九年ソウル生まれ。韓国聖公会大学教養学部教授。NGO平和博物館の創設メンバー。良心的兵役拒否運動などにもかかわる。朝鮮半島の分断と韓国社会の根深い軍国主義という現実を打開する多彩な活動を展開しつつ、韓国現代史を鋭く批評する。日本語で読める著書として、『韓洪九の韓国現代史　韓国とはどういう国か』『韓洪九の韓国現代史〈2〉負の歴史から何を学ぶのか』（平凡社、二〇〇三年、二〇〇五年）、『倒れゆく韓国』（朝日新聞出版、二〇一〇年）など。

キャロル・グラック　Carol Gluck

最近まで「慰安婦」問題は、学者や人権活動家、そして、アジアとつながりのある一部の人々のみに知られる存在でした。しかし、現在では、昨年（二〇一四年）四月の演説でオバマ大統領が明らかにしたように、「慰安婦」問題は、「甚だしい人権侵害」とみなされています。

そして、オバマ大統領の提言にもあったように、被害女性を尊重し、彼女たちの話に耳を傾けることを拒否する日本政府の姿勢は、米国内で新たに、そしてきわめて広範に、日本に対する否定的な見解を生みました。このような見解の広まりは、たんに韓国系アメリカ人コミュニティや東アジアに精通した人々の間に留まるものではありませんでした。

したがって、いまや「慰安婦」が多くの人に知られているように、日本政府がこの問題に向き合うことを拒否していることも知られています。

未来への責任の証として、過去を受け入れる

「慰安婦」の動員が暴力的強制により行なわれたのかという問題は、「慰安婦」の意思に反して、慰安所

に彼女たちを閉じ込めたことに暴力的強制性はあったのかという問題と同様に、責任問題とはまったく無関係なことです。この問題における日本政府の責任が、組織的な女性の人権侵害にあることは明らかであると思います。

この女性の人権は、世界で初めて、人道に対する犯罪であるとともに残虐な人権侵害であるとついに認識されるようになりました。また、軍用の売春宿があったのは日本だけではなかったということも、責任問題とは関係ありません。

過去に対する責任をとることの意味は、過去に関することと以上に、今後、同様の人権侵害の再発を防ぐことにあります。それは、国連が女性に対する暴力の廃絶キャンペーンにおいて目指すものでもあります。

私たちから見て、日本政府に求められているものは、未来に対する責任の証として過去を受け入れることであると思います。つまり、私たちはもう二度と同じ過ちを繰り返さないということです。これは、それほど口にしがたいことでしょうか？

「慰安婦」被害女性が果たした現代世界への貢献

「慰安婦」被害者たち自身はすでに、人権や女性の権利に対する国際的解釈に対して、多大な貢献をしたと思います。これらの貢献は、彼女たちが勇敢にも自身の体験を語り、正義と補償を要求し、そして何よりも、女性に対する暴力の廃絶を訴えることで果たされてきました。

したがって、「慰安婦」問題をあらゆる法的な論争のなかでつねに取り上げることによって、一九九八年の国際刑事裁判所規程において、レイプを人道に対する罪と位置づけた事実は、「慰安婦」の方々がすでに、国際法の変革に対して貢献を果たしたことを証明していると思います。

人類誕生とともに存在してきたレイプは、文字通り、人類誕生の頃より存在してきたものが、史上初めて、国際法において違法となったのです。したがって「慰安婦」の方々はすでに貢献を果たしていると言えるでしょう。

あとは、日本政府が正しい行動を起こすだけです。

そして、日本政府は私たちの価値観の変化を理解し、慣行や国際法の変化を受け入れなければなりません。

できるだけ多くの事実・情報を冷静に提示する

Fight for Justice は、すばらしいサイトだと思います。このサイトは、とても重要な役割を果たしています。「慰安婦」問題をめぐる非常にたくさんの感情的、イデオロギー的、民族主義的な言葉がインターネットやメディアにあふれています。

今、私たちに必要なことは、できるだけ多くの事実とできるだけ多くの情報をできるだけ冷静に提示することです。これはとても重要なことだと考えます。

また、知りようのない事実をめぐる論争に加わるべきではありません。たとえば、数字や細かな事柄をめぐる論争です。それらを私たちは知る必要もありませんし、すでに十分な情報を得ています。私たちは、たくさんの過去の欠片を手にしています。それらは、重なり合い、反論の余地のない真実を形づくるものです。たとえすべての詳細がわからなかったとしても。

私は、このサイトがその点で非常にすぐれていると思っています。「慰安婦」問題は、ホロコーストで起きたことと類似していると思います。「慰安婦」問題は、ホロコーストのように過去から未来に向けて語られる国際的に認識された人権侵害であり、国際社会における各国の個人の行動に対する道徳的な重みに変革をもたらすものです。

事実、「慰安婦」制度の存在を否定する者には、彼らの主張を裏づける事実が何もありません。なぜなら世界のほぼすべての人々は実際に何が起きたかを知っているからです。

そして、私たちはそれがもはや容認されるものではないことを認識しています。ホロコーストの否定が不可能となったように、「慰安婦」問題を否定することが不可能となることに疑いの余地はないと思います。

もはや容認されない性奴隷制・人身取引

橋下市長があの発言〔訳注：二〇一三年五月一三日、「当時、慰安婦制度が必要だったことは誰でもわかる」〕をしたあとすぐに、世論調査は、日本国民の七五パーセントが橋下市長の発言に反対であることを示しました。これは日本の人々の認識を示していると言えるでしょう。

米国では、このような発言は容認されません。米国では、おそらく発言者は辞任することになるでしょう。それほどまでに、このような考えは現在では容認されなくなりました。これは、過去七〇年の間に変わっていったことです。それは人身取引であっても、性奴隷制や軍用の売春宿であっても同じです。これらと一般的な奴隷制とに大差はありません。

かつて奴隷制は、世界中で行なわれ、容認されていました。現在では容認されなくなりましたが、いまだに行なわれています。しかし、もはや容認されないものです。このような変化が起こった背景には、おそらく「慰安婦」の方々や彼女たちを代表する活動家の存在があるでしょう。

性奴隷制は、奴隷制そのもののように、もはや容認されず、承認を得ることも許容されることもありません。

（翻訳：Y.M.）

二〇一四年一二月一七日、中央大学にて、吉見義明インタビュー。

●キャロル・グラック（Carol Gluck）
米国の歴史学者。日本近現代史専攻。日本とヨーロッパの公共的記憶や日本の政治史・社会史・文化史を国際的視野から分析している第一人者。一九四一年シカゴ生まれ。コロンビア大学ジョージ・サンソム講座教授。著書に Japan's Modern Myths: Ideology in the Late Meiji Period, Princeton University Press, 1985, 共編著に Showa: the Japan of Hirohito, Norton, 1992, Words in Motion: Toward a Global Lexicon, Duke University Press, 2009, など。日本語で読める著書として、『歴史で考える』（岩波書店、二〇〇七年）など。

2

シンポジウム「性奴隷とは何か」

問題提起　現代奴隷制と性奴隷の理解を深めるために

金富子　吉見義明

岡本　みなさんもお感じになったと思うのですが、シンシア・エンローさんと韓洪九さんのメッセージは、同時代を生きる人間として、それぞれがご自身の問題として「慰安婦」問題を解決するにはどうしたらいいかを考えていることが伝わってくる言葉だったと思います。

　では、大変お待たせいたしました。これからシンポジウムをはじめます。シンポジウムの進行は金富子さんにバトンタッチします。本日は通路まで立ち見が出るほどの状態ですので、質疑は質問用紙でお受けいたします。各発表者のお話を聞きながらメモを取っていただいて、休憩時間に集めます。

金富子《キムブジャ》　Fight for Justice のメンバーであり、今回のシンポジウムでコーディネーターを務める金富子です。私はジェンダー論を教えている研究者ですが、研究者になる前の一九九〇年代、「慰安婦」問題がはじまった当初から関わってきました。その立場から今回コーディネーターをやらせていただくことに

なりました。みなさん、よろしくお願いいたします。

シンポジウムに入る前に二つのことについて言いたいと思います。現在、『朝日新聞』が一九九〇年代前後の報道で吉田清治さんの「済州島《チェジュド》での連行」という証言を誤報として取り消して以来、[*1]安倍晋三政権および保守的メディアを中心に執拗な朝日バッシングが繰り返されています。ここでは二つの論点を取り上げます。一つは、「慰安婦」問題自体がねつ造であるかのような主張、二つ目は、安倍首相自らが、日本が性奴隷にしたというのは「いわれなき中傷」などと、「慰安婦」の実態が性奴隷であることを否定しようとする主張です。

「朝日新聞が慰安婦問題をねつ造した」

まず一つ目の「朝日新聞が慰安婦問題をねつ造した」というのは二つの点で見当違いだということを言いたいと思います。そもそも河野談話や吉見教授をはじめとする歴史研究は、吉田証言に依拠していません。また、当時『朝日新聞』だけが吉田証言を報道したわけではなく、『産經新聞』や『読売新聞』も報道している。このことはブックレット1に詳しく書かれています。[*2]強調したいのは、吉田証言がなかったとしても「慰安婦」問題ははじまっていたということです。吉田清治さんの本は一九七七年、そして一九八三年に出版されましたが、七〇、八〇年代に出版された多くの「慰安婦」関連本の一つ

＊1　二〇一四年八月五・六日、『朝日新聞』に報道検証記事「慰安婦問題を考える」が掲載されて以来、「国賊」「売国」などと常軌を逸した朝日バッシングが繰り広げられた。とくに問題にされたのは、一九八〇～九〇年代に報道された吉田清治「済州島で連行」証言記事を「裏付け得られず虚偽」として取り消したことだった。その後、『朝日新聞』は一〇月に「慰安婦報道について検証する第三者委員会」を立ち上げ、一二月に同委員会は報告書を公表した。報告書には多くの問題点が指摘されている。詳しくはFight for Justiceのブログ記事（http://fightforjustice.info/?p=3550）を参照。

＊2　Fight for Justiceブックレット1『「慰安婦」・強制・性奴隷――あなたの疑問に答えます』日本軍「慰安婦」問題webサイト制作委員会編、吉見義明・西野瑠美子・林博史・金富子責任編集、御茶の水書房、二〇一四年、八二～八七頁。

にすぎません。七〇年代以降、もっとも売れたのは千田夏光さんの『従軍慰安婦』シリーズです。私は生前の千田夏光さんにお会いしたことがありますが、このシリーズは七〇万部も売れたそうです。また、「従軍慰安婦」という言葉は自分がつくったとおっしゃっていました。いまも「従軍慰安婦」という用語が遣われるくらい影響力があったわけです。また、『朝日新聞』によれば、吉田清治証言は『朝日新聞』に一六回取り上げられ、このうち五回は八〇年代ですが、この吉田証言が新聞に取り上げられても、あるいは千田夏光さんの本がロングセラーになっても、七〇、八〇年代に「慰安婦」問題解決運動は起こりませんでした。

ではなぜ、「慰安婦」問題が九〇年代に起こったのか。それは一九九一年八月に金学順《キムハクスン》さんが韓国で、「慰安婦にされた私がここにいる」と実名で証言をしたからです。その金学順さんが一九九一年一二月に来日し、日本政府を相手どって提訴をしました。金学順さんは東京と関西の多くの市民の前で証言をしました。実はこの会場、韓国ＹＭＣＡ九階のこの場で、金学順さんが証言をしたのです。そのときは私も主催者の一人だったのですけど、四五〇人もの人々が、呼吸もできないくらい、立錐の余地もなく並んだ人たちが、金学順さんの証言に耳を傾ける、いうことが起こりました。これは歴史的事件でした。金さんの証言はテレビ、新聞などでかつてないほど大きく取り上げられ、一躍「慰安婦」問題が、被害当事者が直接出てきて解決を訴

記者会見する金学順さん

える課題になり、アジアや世界に広がっていった。したがって、金学順さんなどの被害当事者のカミングアウトこそが決定的な役割を果たしました。

では、なぜ金学順さんが証言をしたのか。それは一九九〇年六月、金学順さんがカミングアウトする前の年ですが、日本の国会で日本政府が、「慰安婦」は民間業者が連れ歩いたと言って「慰安婦」問題、「慰安婦」制度に対する軍の関与を否定した。そのことが韓国に伝わって、韓国の女性運動が立ち上がったからなんですね。そういう意味で、一九九〇年、九一年当時の日本政府の軍関与を否定する対応が、現在にいたる「慰安婦」問題をつくったと言えると思います。

したがって、金学順さんが証言するまで、「慰安婦」問題を盛り上げたのは、吉田証言ではなく、日本政府の対応だったと言えます。それを日本政府や保守系メディアが今になって吉田証言が原因だったとするのは天に唾する行為です。ブックレット1に詳しく書かれていますので、ぜひ参照してください。

「慰安婦」が性奴隷か否か

さて、二つ目の「慰安婦」が性奴隷か否かに関してですが、これが今日のテーマです。この問題が金学順さんの証言によって、一九九一年にはじまり、一九九二年から国連の人権関係諸機関で議論されるようになりました。そのなかで「慰安婦」を千田夏光さんのように「戦場売春」とみるのは男性側の視点であり、SEXYAL SLAVE――すなわち性奴隷こそが女性からみた被害の実態を示している、というように「慰安婦」に対する理解が一八〇度転換するようになりました。九〇年代を通じて運動団体、被害国、国際社会に「性奴隷」概念が普及していきました。女性を無視した男性目線の「戦場売春」概念から、「女性の人権」目線の性暴力概念、「性奴隷」概念に転換しました。これが今や国際社会、各国の常識となりました。しかし、その転換を唯一認めようとしないのが今の日本政府です。そこで改めて、性奴隷とは何か、根本に戻って問い直すために、このシンポジウムをすることになりました。

この会場を予約したのは、七月でした。その段階では常軌を逸した朝日バッシングが起こるとは想像もしていませんでしたが、これを契機に根本的に考えていきたいと思っております。

では、最初の発題者はFight for Justiceの共同代表であり、中央大学教授の吉見義明さんです。吉見さんは紹介するまでもなく、日本軍「慰安婦」制度研究の第一人者です。ご存じの『従軍慰安婦』という岩波新書の本がありますが、そのなかには「金学順さんの来日前のインタビューに心を打たれて、従軍慰安婦の研究をはじめることにした」と書かれていて、金学順さんの影響をみることができます。吉見さんは、慰安婦=性奴隷はねつ造である、というように主張する国会議員（当時）と裁判で闘っています。シンポジウムのテーマ、今なぜ性奴隷とは何かを問い直すのか、について問題提起をしていただきます。

今なぜ、性奴隷なのか

吉見義明　すこし繰り返しになりますが、最近の状況で二つのことをお話します。二〇一四年一〇月三日の衆議院予算委員会で安倍晋三首相は、『朝日新聞』が吉田証言の報道を取消したことについて、こう発言しています。

「慰安婦問題については、この誤報〔『朝日新聞』の吉田清治証言の報道〕によって多くの人々が傷つき、悲しみ、苦しみ、怒りを覚えたのは事実でありますし、……日本のイメージは大きく傷ついたわけであります。日本が国ぐるみで性奴隷にした、いわれなき中傷が今世界で行われているのも事実であります。」

日本が国ぐるみで性奴隷にしたと世界で言われているというのはちょっとオーバーな表現だと思います。正確に言うと、日本軍が性奴隷制としての「慰安婦」制度をつくったのは事実だと思いますが、これが「いわれなき中傷だ」と首相は言う。ちょっと異様な事態だと思います。しかし、「慰安婦」制度が性奴隷制であるかどうか、ということが一つの大きな争点になっていることがわかります。

もう一つは、私がいま起こしている裁判[*3]で、桜内文城衆議院議員（当時）がこういう陳述書を出しています。

「原告〔吉見〕が「慰安婦」問題、すなわち「軍が女性を強制的に性奴隷にした」こと、言い換えれば「慰安婦」＝「性奴隷」という虚偽の事実を捏造し、英訳本の出版によって世界中にまき散らしてきたことが満天下に明らかにされた……」

僕は、吉田証言はいっさい採用していませんので、桜内さんの誤解です。もう一つ、「慰安婦」が性奴隷であるというのは虚偽の事実であり、吉見がねつ造したのだと言っています。これも明らかにちがう。さらに、僕が英訳本を出版したので「慰安婦」＝性奴隷という理解が世界中に広まった、というのが桜内さんの主張ですが、僕の英訳本が出たのは二〇〇〇年であり、そのときまでに「慰安婦」制度は性奴隷制であるという認識は世界中で定着しておりますので、これも事実誤認だと思います。僕を過大評価してくれているようです。しかし、この裁判でもこれが一つの争点になっているのです。

三つの問題

今日は三人の方にご報告をお願いしていますが、それぞれどういう事柄が関連しているのか、ひとこと述べたいと思います。

一九二六年に奴隷制禁止条約ができました。第一条はこう書かれています。「奴隷制とはその者に対して所有権に伴う一部またはすべての権能が行使される個人の地位または状態をいう」。これが一番の基本だと思いますが、

＊3　吉見裁判
吉見義明中央大学教授が、日本維新の会の桜内文城衆議院議員（当時）を名誉毀損で訴えた裁判。二〇一三年五月一三日、橋下徹大阪市長は、「慰安婦制度が必要なことはだれでもわかる」と発言し、国内外の批判を浴びた。そのため橋下市長は特に外国のメディアに弁明しようと、外国特派員協会で五月二七日に記者会見を行なった。その場において、司会者が教授の著書に触れたことに対し、同席していた桜内文城衆議院議員が、「これはすでにねつ造であるということがいろんな証拠によって明らかとされております」と発言した。
吉見義明教授は、その発言の撤回と謝罪を求め、桜内議員に内容証明を送ったが、桜内議員がこれに応じなかったため、二〇一三年七月二六日、桜内文城議員を名誉毀損で提訴、係争中。略称「吉見裁判」。www.yoisshon.net

一九五六年の奴隷制廃止補足条約の第七条はこうなっています。

「奴隷制とはその者に対して所有権に伴う一部またはすべての権能が行使される個人の地位または状態をいう」。この条約は、奴隷制の定義について一九二六年の条約をそのまま踏襲していることがわかります。

次に、「奴隷とはそのような状態または地位におかれた者をいう」とあります。さらに、「奴隷制類似の制度および慣行」として、債務奴隷制、農奴制、女性の強制婚姻、女性の売買婚、子どもの労働搾取をあげています。

三つ目に、一九六六年の市民的および政治的権利に関する国際規約（自由権規約）の第八条では、「何人も奴隷の状態に置かれない。あらゆる形態の奴隷制度および奴隷取引は禁止する」ということと、「何人も隷属状態（servitude）におかれない」と規定されています。

四つ目に、一九九八年に国際刑事裁判所に関するローマ規程ができました。第七条は、人道に対する罪を、「この規程の適用上、「人道に対する罪」とは、文民たる住民に対する広範なまたは組織的な攻撃の一部として、攻撃であることを知って行われた次のいずれかの行為をいう」として、c項で「奴隷状態に置くこと（奴隷化、enslavement）」をあげています。

また、g項で、「強かん、性的奴隷、強制売いん、強制妊娠、強制不妊、または同等の重大性を有するその他のあらゆる形態での性的暴力」などをあげています。

ｃ項の「奴隷状態に置くこと」については、「奴隷状態に置くこと（奴隷化）とは、所有権にともなういずれかまたはすべての権能を個人に対して行使することをいい、人身取引（人身売買）、とくに女性および児童の取引（売買）の過程でそうした権能を行使することを含む」と、わざわざ言っています。人身取引の過程でそのような権能が行使されることをとくに指摘しているわけです。

第八条の戦争犯罪の項では、「この規程の適用上、「戦争犯罪」とは次のものをいう」として、「強かん、性的奴隷、強制売いん」などをあげています。

奴隷制の認定で重要なのは「自由の剥奪」

五番目ですが、国際刑事裁判所の「犯罪の構成要件」を見ると、第七条の(1)の（c）で、「人道に対する罪に該当する奴隷化（enslavement）」の要件として次のように書かれています。

「実行者が、一人またはそれ以上の人間の購入、販売、貸与、交換、またはこれに類する自由の剥奪によって、一人またはそれ以上の人間に対する所有権に伴う一部またはすべての権能を行使したこと」[*4]

「自由の剥奪」ということが強調されているのがわかります。この要件には註がついています[*5]。

「このような自由の剥奪は、状況によっては、強制労働の強要、または

＊4　ICC,"Elements of Crimes," Article 7(1)(c)-1

＊5　同右。なお、東澤靖『国際刑事裁判所 法と実務』明石書店、二〇〇七年刊や、Jean Allain, *Slavery in International Law*, Leiden, 2013も参照。

一九五六年の奴隷制度、奴隷取引並びに奴隷制類似の制度及び慣行の廃止に関する補足条約に規定されたところの奴隷状態に人間をおとしめることを含むと理解される。また、この要件に記述された行為は、特に女性および児童の人身取引を含むと理解される。」

以下、第七条、第八条の説明は省略しますが、ほぼ同じような事柄が書かれています。自由の剝奪ということが、奴隷制の認定で非常に重要な位置を占めていることがわかると思います。

このように考えていきますと、現代奴隷制、または性奴隷制の理解と、日本軍「慰安婦」制度の理解を深めるために、一つは、人身取引にもとづく戦前日本の公娼制度は、奴隷制との関連でどのように理解されていたか、どのように考えられるべきか、ということが大きなテーマになると思います。

二番目に、国際法における奴隷制認識はどのように定着していったか、国際法がいう奴隷制とはどのようなものかが大きなテーマになります。

三番目に、性奴隷制と人身取引は深い関係をもつことが指摘されていますが、そもそも現代の人身取引とはどのようなもので、何が問題とされているのかがテーマとなると思います。

この三つの問題それ自体と、さらに日本軍「慰安婦」制度との関連はどうなるのかという問題をめぐって、今日のシンポジウムで論点が深められることを期待したいと思います。

戦前日本の公娼制度と性奴隷認識

小野沢あかね

金富子　最初のパネラー、立教大学教授の小野沢あかねさんをご紹介します。歴史修正主義者は、「慰安婦は公娼なので性奴隷ではない」と言います。では、そもそも戦前日本の公娼は本当に性奴隷ではなかったのでしょうか。このもっとも肝心な部分に関して、意図的とも思えるような、無知、不理解、誤解、ねつ造がまかり通っています。歴史的な実態と観点からこの無知、不理解、誤解、ねつ造のどこが具体的にまちがいかを指摘できるのは、戦前日本の公娼制度の実態、そして日本や国際社会での議論について長年研究をしてきた小野沢さんがふさわしいだろうということで、ご報告をお願いします。

小野沢あかね　みなさんこんにちは。よろしくお願いします。

私の報告は、「戦前日本の公娼制度と性奴隷認識」というものです。いま金富子さんからお話がありましたように、現在、「慰安婦」は性奴隷ではなかったという声が高まり、とくに『朝日新聞』の「慰安婦」報道検証記事以

降、それがいっそう顕著となっています。人さらいのような拉致のみを「強制連行」と称し、そうでなければ犯罪ではないかのような、性奴隷ではないかのような声が強まっていると思います。

1 「『慰安婦』＝公娼＝性奴隷ではない」論はどうまちがっているのか

ご記憶の方も多いと思いますが、「慰安婦は公娼であって性奴隷ではない」という論法があります。その典型的な例が、ワシントンポスト紙に二〇〇七年六月に掲載された意見広告『THE FACTS』*1です。しかし、「慰安婦」は公娼ではありません。先ほどフィリピンの被害者の方の発言がありましたように、多くの被害者は公娼制度とはなんの関係もない人たちでした。「慰安婦」は公娼とはちがって、軍が自ら、もしくは命令した業者たちに拉致だとか、詐欺、あるいは人身売買によって女性を集めさせ、集められた女性たちは、抜け出す自由なく慰安所で性暴力を振るわれたからです。ただし、公娼*2（娼妓と呼びます）や芸妓*3、酌婦*4など、もともと売春をしていた女性たちが「慰安婦」に徴集されたケースもあったことが明らかです。特に日本人の「慰安婦」にしばしば見られたことがわかっていま

＊1　意見広告『THE FACTS』には、「日本軍に組み込まれた「慰安婦」は〝セックス奴隷〟ではない。世界中で認可されていたありふれた公娼制度の下で働いていた女性たちであった。慰安婦の多くは佐官どころか将校よりも遙かに高収入であり、慰安婦の待遇は良好であったという証言も多くある。」と書かれている。

す。詳しくは、『日本人「慰安婦」――愛国心と人身売買と』[*5]をぜひ読んでください。

つまり、「慰安婦」問題と公娼制度は区別すべきであり、ちがうものではあるけれども、両方が関係していること、公娼制度下の女性たちが「慰安婦」に徴集されるケースがあったことも事実なのです。さきほどの『THE FACTS』に代表されるような発言は、もともと売春をしていた一部の日本人「慰安婦」の事例のみを切り取って、「慰安婦」全体があたかも皆そうであったかのような、ゆがめたイメージを世界に流布させている。それから一方で、それが軍の命令で行なわれていたのだという事実を隠蔽していると言えるのではないでしょうか。

念のためここで強調しておきたいことは、「慰安婦」になる以前にたとえ「自由意思」で売春をしていたとしても、その女性が被害者でない理由にはなりません。「慰安所」へ連れて来られる前にどのような境遇であったとしても、そしてどのようにして「慰安所」に連れて来られたにせよ、「慰安所」で兵隊の性の相手を強要され、多様な暴力を振るわれたこと自体が、さまざまな法規や国際条約に違反する犯罪被害だからです。そのことを十分にふまえつつ、「慰安婦は公娼である、公娼であれば性奴隷ではない」という論法に根本的に反論していくためには、戦前の公娼制度がどういうものであったかを知っておく必要があります。

＊2　娼妓は、客との性交によって報酬を得ることを公認されていた。
＊3　芸妓は、酒宴で唄・踊り・三味線などを披露して座料を稼ぐことを本業としていたが、売春する場合が多かった。
＊4　酌婦は、売春を認められていなかったが、売春を生業としていて警察はそれを黙認していた。

＊5　「戦争と女性への暴力」リサーチ・アクションセンター編（西野瑠美子・小野沢あかね責任編集）『日本人「慰安婦」――愛国心と人身売買と』現代書館、二〇一五年。「戦争と女性への暴力」リサーチ・アクションセンター編（西野瑠美子・金富子・小野沢あかね責任編集）『「慰安婦」バッシングを越えて――「河野談話」と日本の責任』大月書店、二〇一三年も参照。

そこで今日私がお話したいのは二つのことです。

第一に、娼妓、芸妓、酌婦の女性たちは人身売買された性奴隷にほかならない境遇の人たちだったということです。しかも、そのような人身売買は、当時の国内法規や国際条約からして本来は禁止されなくてはならない慣習だったのであり、当時、公娼は合法だったのだから問題ないとは言えないということです。

第二に、当時の日本国内の多くの人たち、一部の特殊な人たちだけでなく、政治家や官僚、首相経験者のなかにも芸妓や娼妓を奴隷に等しいと公言する人々がおり、当時の国際連盟も公娼制度下での人身売買を廃止するべきだという結論に達していて、公娼廃止決議をあげ、実際に同制度を廃止した県も多数存在しました。しかも、日本政府内務省も一九三五年には公娼制度廃止を考えていたということです。

2　日本の公娼制度とはどのようなものか

人間を物のように売買したり、あるいは高額な債務を負担させるなどして、その人の人身を支配することを人身売買と言い、そのように人身売買される人間を奴隷と呼ぶならば、戦前日本の娼妓、芸妓、酌婦は奴隷と呼ぶのにふさわしい存在でした。

戦前の娼妓、芸妓、酌婦は、契約の際あらかじめ遊廓などから、「前借金」

と呼ばれる借金をする慣習でした。多くの場合、それは親が受け取り、その前借金を娼妓、あるいは芸妓としての仕事を通じて返済をするまで、あるいは年期を四年とか五年とか定めるのですが、それが終わるまで廃業の自由はほとんどなかったと言えます。ですから、借金とは欺瞞的な言い方で、このお金は実際上は「身代金」(人身売買の代金)である、と当時から言われていました。万一、途中で廃業する場合には、前借金を即時返済しなければならず、違約金も生じました。しかも、店が暴力で廃業を妨害したり、廃業届を警察に出しに行った娼妓に対して、警察官が廃業を踏みとどまるように説得するといったようなこともしばしばありました。また、いったん抱え入れられた女性が他所の店に転売されることもしばしばありました。さらに、前借金の返済方法にはからくりがあり、返済はきわめて困難だったと言えるでしょう。簡単に言えば、彼女が客から得た収入の多くの部分はそのまま店の収入になってしまい、わずかな取り分から借金を返済し、かつ必要な経費を支払っていくというしくみであったがために、借金返済は非常に困難で、むしろ借金が追加されていくことがしばしばあったのです。[*6]

3 人身売買契約は、なぜ継続したのか

一八七二年一〇月二日の太政官布告第二九五号は、芸妓や娼妓らの身売り奉公を人身売買と認定し、芸娼妓らの解放を命じました。くわえて、同月九

＊6 中央職業紹介事務局「芸娼妓酌婦周旋業に関する調査」(一九二六年)谷川健一編『近代民衆の記録3 娼婦』新人物往来社、一九七一年など。

日の司法省達第二二号は芸娼妓への貸金について返済を求めることはできないとしました。これらの法令は芸娼妓解放令と言われ[*7]、日本の女性史を勉強している人たちにはよく知られています。この芸娼妓解放令によって、芸娼妓はいったん「解放」されました。

ではなぜ、娼妓や芸妓の人身売買はその後も継続してしまったのでしょうか？ 娼妓たちの「自由意思」にもとづく稼業に対して、店は座敷を提供（貸座敷）しているにすぎないという建前で、事実上同じ慣習が継続していくことになったのです[*8]。ただし、芸娼妓解放令がひとまず出たことは大きな反響を呼び、その後、何人もの娼妓や芸妓の女性たちが、廃業に同意しない店の主人を訴える訴訟が起きました。その結果、一八九六年には大審院で、身体の拘束を目的とする契約は無効だから、娼妓が貸座敷に対して一定の年期の間労務に服するとする契約は無効であるとの判決が出ており、一九〇〇年にもやはり大審院で、債務弁済のため債権者方において娼妓営業をなすべしという諾約は無効であるとの判決が出ています[*9]。つまり、一九〇〇年の段階ですでに、借金返済のために債権者方で売春をさせるという契約自体が無効となっていたのです。

しかし、ここに大きな問題がありました。債務の返済という名目で、女性を何年間も娼妓という強制労働に就かせているのですから、借金の契約と娼妓をするという契約は一体となった一つの人身売買契約にほかならなかった

＊7　芸娼妓解放令とその影響についての研究は近年著しい進展をみせています。たとえば、横山百合子「幕末維新期の社会と性売買の変容」、人見佐知子「セクシュアリティの変容と明治維新―芸娼妓解放令の歴史的意義」（明治維新史学会編『講座明治維新　第9巻　明治維新と女性』有志社、二〇一五年）を参照。

＊8　前掲「セクシュアリティの変容と明治維新」、牧英正『人身売買』岩波書店、一九七一年。

＊9　川島武宜「人身売買の法律関係（1）――芸娼妓の丸抱契約の効力について」『法学協会雑誌』六八-七、一九五一年二月、牧英正『人身売買』岩波書店、一九七一年、若尾典子「人身売買――性奴隷制を考える」（服藤早苗、三成美保編著『ジェンダー史叢書　第一巻　権力と身体』明石書店、二〇一一年）。

と言えます。にもかかわらず、借金の契約と娼妓の契約は別々の契約であると裁判所は結論し、借金契約については有効と判断したのです。こうした法的解釈が、事実上の人身売買を長らく継続させることになりました。その後、前借金全額返済以前に廃業した娼妓に対して、店の主人による貸金請求訴訟が頻繁に起こったのですが、その場合には店の側が勝利するケースが一般的になってしまったのです。芸娼妓契約と前借金契約を別々の契約として、借金契約は有効であると裁判所がみなしたためです。その結果、その他の手段で返済することが不可能な貧乏な女性たちは、廃業することができなくなってしまいました。

ただし、年期途中に廃業した場合は違約金が生ずるとの契約を交わし、その後年期途中に廃業した娼妓に対して店側が貸金と違約金を請求した裁判のケースにおいては、裁判所は違約金の契約自体がそもそも人身束縛を目的としているとの論理で、この請求を認めなかった判例もありました。[*10]

以上のような事情を抱えて、戦前の日本国家は、対外的にどのような見解を述べていたのでしょうか？　それは、日本には人身売買は存在しない、つまり、一八七二年の芸娼妓解放令によって芸娼妓は解放されたので、芸娼妓は自由の拘束を受けていない、前借金契約と芸娼妓契約とは別々の契約なので、債務を背負っていたとしても廃業が可能であるから人身売買は存在しない、というものでした。[*11]　つまり、多くの娼妓がやめたくても廃業できず、

＊10　前掲『人身売買』、川島武宜「人身売買契約の法的効力」（『法律時報』二七-九、一九五五年。のちに『川島武宜著作集』第一巻、岩波書店、一九八二年に所収）。

＊11　たとえば、「東洋に於ける婦人児童売買実地調査委員会質問及び之に対する回答」内務省、一九三一年、『東洋に於ける婦女売買実地調査の件』第三巻（外務省外交史料館所蔵）。

人身売買の慣習が当然のように存在していたにもかかわらず、戦前の日本政府は、人身売買は存在しないとの嘘を言い続けたと言えます。

4　吉見裁判における被告側「第三準備書面」で引用されているケース

以上からわかるとおり、借金を返済するまで廃業させない契約は、一九〇〇年頃にはすでに大審院によって無効とされていました。しかしこのような方法で「慰安婦」を徴集したと思われる事例を、「強制連行でない」「性奴隷」でない証拠として主張する人々が、戦後七〇年も経つ今日においても存在しています。たとえば、吉見裁判（四〇頁参照）における被告側「第三準備書面」[*12]（二〇一四年七月七日）で引用されているケースがそれに該当します。

被告・桜内文城衆議院議員（当時）は、「慰安婦＝性奴隷」は吉見義明さんのねつ造であるとの意見を展開するに際し、その「第三準備書面」（八頁）において、ビルマでアメリカ戦時情報局心理作戦班が作成した「日本人捕虜尋問報告第四九号」の和訳の一部「一九四三年の後期に、軍は、借金を返済し終わった特定の慰安婦には帰国を認める旨の指示を出した」という部分をあげています。このことを、「慰安婦」が性奴隷ではない証拠にしようとしているようです。しかし、米軍が聞き取って記したこの内容がもし真実であるならば、これは「慰安婦」が性奴隷でない証拠にはなりません。むしろそ

＊12　「第三準備書面」二〇一四年七月七日（『日本軍「慰安婦」制度はなぜ性奴隷制度と言えるのか』YOSHIMI 裁判いっしょにアクション！編集・発行（二〇一四年）に収録）。www.yoisshon.net

の逆です。「借金を返済し終わった特定の慰安婦」に帰国を認めたということは、借金を返済し終わっていない「慰安婦」の帰国する自由は認められていないことになるからです。こうしたことは、芸娼妓契約と前借金契約とは別々の契約であり、借金を返済していなくても自由廃業できるとした大審院の判例や、当時の日本政府の公式見解に反していたと言えます。前述のように、借金を理由に女性の廃業を妨げてはならないことになっていたからです。

5 国際連盟と娼妓芸妓酌婦契約

二〇世紀に入ると、売春目的の人身売買から女性を保護する法的な枠組みの水準が上がっていきました。日本で行なわれていた人身売買は少なくとも二〇世紀に入ってから新たにできた以下の国際条約に違反していた、と言えるのではないでしょうか。

A　醜業を行はしむるための婦女売買取締りに関する国際協定（一九〇四年）
B　醜業を行はしむるための婦女売買取締りに関する国際条約（一九一〇年）
C　婦人及児童の売買禁止に関する国際条約（一九二一年）
D　成年婦女売買禁止条約（一九三三年）＊日本は未批准
E　奴隷条約（一九二六年）＊日本は未批准

このうちＢの条約（ＣとＤはＢを発展させたものです）の内容を見てみると、ひと言で言えば、第一条で未成年の女性は本人がたとえ承諾していたとしても、その女性を売春目的で勧誘したり、あるいは誘引したりしてはいけない、その場合は処罰すべきだというものであり、第二条は、成年女性の場合は詐欺だとか暴行、あるいはいっさいの強制的手段を使って売春目的で勧誘したり誘引したりすることは処罰すべきだという内容になっています。

日本の公娼制度のもとでは、一八歳以上の女性が売春することが公認されていましたので、Ｂの第一条に違反していたことになるのではないでしょうか。また、前借金でその女性の自由を奪うことを強制的手段とみなすならば、公娼制度のもとで行なわれている慣習はほぼすべてこの条約に違反するということになってしまうのではないか、と思われます。

国際連盟ができたことは、日本の人身売買に大きな意味をもたらしました。国際連盟のなかに婦人児童売買問題諮問委員会や婦人児童売買実地調査委員会ができ、女性の人身売買をどうなくしていくかという取り組みがはじまったからです（ただし、これは欧米諸国の女性たちの「保護」を主眼としているという限界や、純潔主義的な問題点があったことも事実です）。各地へ調査団が派遣され、東アジアへも派遣されて（東洋婦女売買調査団）、日本の公娼制度も問題化することになりました。そして、日本では前借金契約が無効でないため女性の廃業の自由を抑圧していること、警察当局が娼妓の廃業希望を圧迫することもあること、女性の売り買いという「不道徳」な商売である芸娼妓周旋業が認められていること、などが問題とされました。そして、「東洋に於ける国際売買を助長する主要なる素因は公認妓楼で」あり、もっとも有効な是正方法は「関係諸国に於ける公認或は公許妓楼の廃止にあり」とされました。[*13] また、国際連盟婦女売買問題諮問委員会も、女性の売買の禁止のためには公娼制度そのものの廃止が必要と結論づけました。[*14]

6　戦前社会における「公娼＝奴隷」認識

次に、戦前の日本の人々が芸妓娼妓酌婦の状態をどう見ていたか、その認識を見てみましょう。

多くの人々が、娼妓や芸妓は人身売買の犠牲者＝奴隷であり、公娼制度は奴隷制度に等しいと認識し、発言していました。そして、公娼制度を廃止し、人身売買をなくそうとする運動（公娼制度廃止運動）が明治時代から息長く続けられてきました。「公娼制度は奴隷制度である」との発言が記された史料は無数と言ってもいいほどあります。

ここではまず、公娼制度廃止運動を行なった人たちの認識を一つ見てみましょう。

「全国廃娼同志大会宣言・決議[*15]（一九二六年）」では「時は来た。今や日本

＊13　「国際連盟婦人児童売買調査委員会より国際連盟理事会に提出されたる考察及び提議――婦人児童売買調査委員会報告書概要」国際連盟事務局東京支局、一九三三年三月一五日（『買売春問題資料集成［戦前編］』第二一巻、不二出版、二〇〇三年。

＊14　League of Nations Committee on Traffic in Women and Children, “Abolition of Licensed Houses”, Geneva, June 15th, 1934, Series of League of Nations Publications IV. Social, 1934. IV. 7, Official No.: C.221.M.88.1934.IV.（国立国会図書館所蔵）

＊15　「全国廃娼同志大会宣言・決議」一九二六年一〇月一日（『日本婦人問題資料集成　第一巻　人権』ドメス出版、一九七八年）。

は最後の奴隷を解放すべき時がきた。最後の奴隷とは何だ。それは金の為に縛れた白奴の一群ではないか。」「誠に公娼制度は二重の奴隷制度である。それは肉体上の奴隷制度であり、又貞操上の奴隷制度である。今日、公娼制度程徹底したる搾取制度を他に発見することは困難である。」と述べています。

このような認識は、キリスト教徒とか一部の特殊な人に限られたものではなく、有力政治家にも共有された認識でした。

たとえば、戦前、公娼制度廃止法律案を何度も帝国議会に提出した帝国議会議員の一人に星島二郎がいます。この人は、一九二〇年に衆議院議員に当選した政友会の議員でしたが、婦人参政権、公娼制度廃止を唱え、戦後は日本自由党の結成に参加し、第一次吉田内閣の商工相まで務めた人物です。サンフランシスコ講和会議の全権の一人でもあり、かつ一九五五年には自由民主党の結党にともない同党に所属し、一九五八年には衆議院議長も務めているのです。公娼制度は奴隷制度に等しいとする星島の文章はたくさんありますが、ここでは一つだけ紹介しましょう。

一九三一年に来日した国際連盟東洋婦女売買調査団に対する日本政府の報告書のなかで、日本には人身売買が存在しないことになっているのを批判し「〔日本〕政府の報告は形式論であって間違っている。実際は本人の意思に反し、本人の無智に乗じ、本人を誘惑して多くのブローカーの手を通して奴隷的売買が行はれている。自由廃業は名のみであって、圧迫や脅迫に依って其目的を達するものは極めて少数である」と強く主張しています[*16]。つまり、実際には人身売買が存在しているのにあたかも存在していないかのように国際連盟調査団に対して述べている日本政府の欺瞞性を縷々《るる》批判しているのです。

ほかにどういう政治家が公娼制度を奴隷制度と言っているか、二人ほど例をあげましょう。

一人はみなさんよくご存じの、首相も務めた若槻禮次郎です。彼は、公娼制度廃止運動の会合に出席し、次のように述べています。

「奴隷制度が道理に適はない事は世界の輿論である。人の自由を拘束して、それに行動させるのは文明生活の許さない事である以上、婦女売買が道理上宜しくない事は、何人も考へなければならぬ事である。殊に貞操を商品とする事は、これは正理化は出来ぬ。〔中略〕公娼制度は非人道である事は論をまたない[*17]。」

また、一九三一年当時、外務政務次官を務めていた民政党代議士であった永井柳太郎は、第五九回帝国議会第二回公娼制度廃止法律案委員会において、外務省を代表して「公娼制度は奴隷制度」と述べ、いっそう踏み込んだ発言をしています。

「国際連盟に於て日本の委員が発言をして居りますやうに、吾々は公娼制度は人間の人格竝に自由と矛盾した制度であると思ひます。一種の奴隷

＊16　星島二郎「国辱か国賊か」『廓清』二一-九、廓清会本部、一九三一年九月。

＊17　若槻禮次郎「所感」『廓清』二一-四、廓清会本部、一九三一年四月。

制度と云ふことも出来ると思ひます。出来るだけ速に斯の如き制度が廃止せられて、人間の人格と尊厳と自由とが確認せらるる社会の建設せらるることを希望する次第であります。[*18]」

さらに、これは今までにもいろいろな方が指摘してきましたが、一九三〇年代には各県議会で公娼制度廃止決議と公娼制度廃止の実施が相次いで行なわれていて、「公娼制度は奴隷制度である」という認識はそれらの決議にも確実に示されています。例として神奈川県会の一九三〇年一二月の決議の文章の一部をあげてみましょう。

「公娼制度は人身売買と自由拘束の二大罪悪を内容とする事実上の奴隷制度である」「公娼制度は国際連盟の婦人小児売買禁止条約第一条に悖反し国際審議を無視するものである[*19]」とされています。

そのうえ、一九三四年には、内務省警保局が公娼制度廃止を検討していることが報じられ、一九三五年には、公娼制度廃止後の対策も内務省で考えられていました。[*20]

7 弁護士・法社会学者の認識

では最後に、法律の専門家である弁護士、法社会学者の当時の見解を見てみましょう。

最初に、布施辰治という戦前の弁護士の見解を紹介します。この人は、公

*18 「第五九回帝国議会衆議院公娼制度廃止に関する法律案委員会議録　第二回」一九三一年二月一九日、六頁（『買売春問題資料集成［戦前編］』第二四巻、不二出版、二〇〇三年）。

*19 「廃娼決議一覧」廓清会本部、一九三八年九月（『買売春問題資料集成［戦前編］』第六巻、不二出版、一九九七年）。

*20 小野沢あかね『近代日本社会と公娼制度』吉川弘文館、二〇一〇年。

娼制度問題以外の活動でも有名ですが、『公娼自廃の戦術と法律』[*21]といった本を出し、娼妓や芸妓の自由廃業を法律面から支援した人です。布施辰治は、国際労働会議の場で芸妓や娼妓のことが問題になった際、日本政府代表が、娼妓は「自由職業であって強制職業ではない」「芸妓は芸術家で淫売婦では無い」と言ったとして、これを嘘つきであると強く批判しました。また、やはり日本政府が、売春を強制させるものがあったら刑法第一七七条の強姦罪で処罰する、売春の強制を媒介するものがあったら、刑法第一八二条と一七六条で処罰すると国際労働会議の場で言ったとして取り上げ、そう言ったにもかかわらず実行しないならば、「〔日本〕政府代表が国際的ウソ吐き」であると強調しました。そして、前借金による人身拘束が実はさまざまな国内法規に違反しているのだから、前借金は返済しなくてもよいはずであるとし、たとえば、当時の民法六二八条、九〇条、七〇八条などをあげています。

次に、著名な法社会学者、川島武宜の見解を見てみましょう。

川島武宜は、戦後すぐに娼妓や芸妓の契約を分析し、彼女たちは奴隷にほかならないと発言しています。そして、事実上の身代金（人身売買の代金）を、ただの借金契約であると称したのは、近代法的な表現で人身売買を隠蔽する行為だったと批判し、公娼制度によってその人身売買が正当化されてしまったと述べました。そして、実質的に一体である芸娼妓契約と前借金契約を別々のものとすることで前借金契約を法的に保護してしまったことで、裁

＊21　布施辰治『公娼自廃の戦術と法律』厚生閣書店、一九二六年。

判所、ひいては国家権力が、人身売買契約を補強することになってしまったのだと、戦前の裁判所と日本政府の責任を鋭く指摘しています。[*22]

8 おわりに

最初に述べたように、多くの「慰安婦」被害者は公娼とはなんの関係もない人々でした。軍や軍に命令された者によって連行されたり、騙されたりした被害者がたくさん存在していたからです。しかし、一部に公娼から「慰安婦」になった女性たちもいることをとらえて、「慰安婦＝公娼＝性奴隷ではない」という主張を繰り広げている人たちに対する反論を今日は行ないました。

見てきたとおり、娼妓・芸妓・酌婦は「慰安婦」とは別物ではありますが、やはり、性奴隷と呼ぶにふさわしい人たちでした。そして、前借金返済まで廃業できないという戦前日本によくあった慣習は、すでに一九〇〇年段階で国内の裁判所で無効とされたものであり、芸娼妓解放令をはじめとする国内諸法規、そして国際条約に照らして本来は許されないものでした。にもかかわらず、日本政府はこの事態を放置し、対外的には人身売買は存在しないと言ってきたのです。しかも、有名な政治家を含む戦前の多くの人々が、公娼制度は奴隷制度であるので廃止すべきだと発言しており、公娼＝奴隷という認識は、当時の日本社会で相当常識化していました。各県議会で公娼廃止決議やその実施が相次いだだけでなく、日本政府自身が一九三〇年代半ばには

＊22　前掲「人身売買契約の法的効力」、前掲「人身売買――性奴隷制を考える」も参照。

公娼制度を廃止しようと考えていました。

したがって、現在、「慰安婦＝公娼＝性奴隷ではない」という発言をする人がいるならば、その人は、戦後七〇年も経つというのに、戦前日本の人身売買に対してなにも反省をしていないということになります。そしてもし、「慰安婦」徴集は「人さらい」のような「強制連行」でなく、当時よく行なわれていたただの身売りだったのだから、彼女たちは借金を返せば自由になれたのであって奴隷ではないという主張を繰り広げる政治家がいるならば、その政治家は、七〇年以上も前の戦前日本政府の見識よりもいっそう後退した認識を国内外に示していると言えるのではないでしょうか。

金富子　ありがとうございました。結論として、「慰安婦」は性奴隷、公娼も性奴隷、それが実態であったということです。これはですね、国際的にも日本国内でも日本の首相自らが、公娼制度は性奴隷であり、なくすべきだという主張があったということ、にもかかわらず、日本政府は人身売買の存在を認めないという欺瞞的な対応をしていたというところが今と重なるところがあるのではないかと思います。

こういう研究は専門的なところもありますが、公娼とはそもそも性奴隷であった、という歴史認識を日本社会に広めていくこと、これが必要なんじゃないかなとあらためて思いました。

■参考文献
小野沢あかね『近代日本社会と公娼制度』吉川弘文館、二〇一〇年。

国際法における軍の性奴隷制

前田 朗

金富子　次は一気に一九九〇年代に飛びます。パネラーは東京造形大学教授の前田朗さんです。九〇年代に国連を舞台に「慰安婦」は性奴隷であるという認識が形成されていきました。なぜ、一九九〇年代なのかに関しては先ほど述べましたが、前田朗さんには、性奴隷概念がどのように形成されたのかについて詳しく述べていただきます。

ご存じのように、前田朗さんは最近はヘイトスピーチの研究で有名ですが、「慰安婦」問題に関してもみなさんご存じのように、九〇年代当時ＮＧＯの一員として国連人権委員会のロビー活動に加わり、クマラスワミ報告が会場を揺るがす盛大な拍手で採択された現場に立ち会い、その後、その報告書を翻訳出版[*1]した責任者です。そのときに入手して今では入手できない資料もお持ちです。今回はその資料をもとに、いま吉田証言との関連で焦点となっている国連クマラスワミ報告と、これまでの国連の事業に関して報告していた

＊1　ラディカ・クマラスワミ『女性に対する暴力——国連人権委員会特別報告書』クマラスワミ報告書研究会訳明石書店、二〇〇〇年。前田 Blog「クマラスワミ報告書」について1〜5に詳しい。http://maeda-akira.blogspot.jp/2014/10/blog-post_15.html

だきます。

前田朗 「慰安婦」問題を法的に評価するには、国際法にもとづく評価と国内法にもとづく評価を行ない、さらに両者の関係を問うことも必要です。国際法に焦点を絞りますが、国内法についても最初にひと言ふれておきます。

国内法でも犯罪

「慰安婦」の移送が強制連行であり、誘拐犯罪であったことは当時の刑法にもとづいて判断できます。「慰安婦の連行は人身売買であったから、当時は日本では犯罪ではない」と主張する人がいて、あたかも「やむを得なかった」かのように議論がなされています。そうではありません。当時の日本でも、国外に連れていく人身売買は犯罪とされていました。[*2]

当時の刑法第二二六条は国外移送目的誘拐罪という名称で、国外移送目的をもって人を誘拐したり、売買することや、現に国外に移送しようとすることを犯罪としていました。刑法第二二六条は「帝国外ニ移送スル目的ヲ以テ人ヲ略取又ハ誘拐シタル者ハ二年以上ノ有期懲役ニ処ス帝国外ニ移送スル目的ヲ以テ人ヲ売買シ又ハ被拐取者若クハ被売者ヲ帝国外ニ移送シタル者亦同シ」としていました。国外移送目的を持って、①略取、②誘拐、③人身売買を行ない、④移送することの四つの犯罪が定められていました。現在でもその条文が修正されて同じ趣旨内容で規定されています。

＊2 前田朗「『慰安婦』強制連行は誘拐罪」『統一評論』五二八号、統一評論社、二〇〇九年。前田朗「『慰安婦』誘拐犯罪」(「戦争と女性への暴力」リサーチ・アクションセンター編(西野瑠美子・金富子・小野沢あかね責任編集)『「慰安婦」バッシングを越えて——「河野談話」と日本の責任』大月書店、二〇一三年所収)。

犯罪者として裁かれるのは、国外移送目的を持って実行行為に出た人物です。つまり、他人の弱みにつけ込んで人身売買を迫った側が犯罪者です。「人身売買だから、売った親の責任だ」と主張する人がいますが、ちがいます。売らざるを得なかった親に道徳的責任はあるかもしれませんが、法的責任は、人身売買を迫り、家庭を破壊した買い主の側にあります。刑法第二二六条はそのことを明示しているのです。実際に当時の最高裁判所に相当する大審院が有罪判決を書いています。静岡事件[*3]と長崎事件[*4]の二つあるのですが、日本から女性を連れだそうとした事件で、買った側の被告人について有罪判決が確定しています。売らざるを得なかった親も被害者です。「慰安婦」移送は誘拐でした。強制連行でないと言えるはずがありません。

もう一つ重要なことは、静岡事件や長崎事件が起きて、大審院判決で有罪が確定したため、日本政府は日本本土からの「慰安婦」移送を禁止する通牒を出して厳しく取り締まりました。ところが、朝鮮半島にはその通牒を出していません。日本から誘拐してはいけないが、朝鮮から誘拐するのはお構いなし、ということにしてしまったのです。

当時と現在の国際法をみること

さて、今日は国際法に焦点を当てます。日本における議論の特徴として、ナショナリズムと、法の無視をあげることができます。日本の誇りだの、日

＊3　静岡事件判決：「満州」の「カフェー」で働かせるために「女給」が必要と考えて、静岡県内で女性をだまして「満州」へ連れて行った被告人らに、大審院判決は未成年国外移送目的誘拐罪が成立すると認めた（一九三五年六月）。前田朗『「慰安婦」誘拐犯罪の証明——静岡事件判決』『統一評論』五六四号、統一評論社、二〇一二年。

＊4　長崎事件判決：「女性を騙して国外の慰安所に送ることは国外移送目的誘拐罪に当たる」と認めた（一九三七年三月）。前田朗「国外移送目的誘拐罪の共同正犯」『季刊戦争責任研究』一九号（同『戦争犯罪論』青木書店、二〇〇〇年所収）参照。

本の歴史の伝統だのというようなナショナリズムの視点から、「慰安婦」の事実を否定する議論です。もう一つの特徴が、法の無視です。しばしば「当時はやむをえなかった」、「現在の法や現在の人権意識にもとづいて当時のことを裁いてはならない」と言う人がいますが、当時の法に違反していたのです。国内法にも国際法にも違反していました。

「強制連行とは何か、性奴隷とは何か」という定義が今日の主題ですが、歴史を否定する人たちは法的定義を採用しません。完全に無視します。当時の刑法さえ無視する人たちですから、法の無視が当たり前となっています。「慰安婦は性奴隷ではなかった」と大声で唱えていますが、では、性奴隷とは何なのか、当時の国際法ではどういう意味だったのか、現在どうやって使われているのか。それをきちんと踏まえている人を見たことがありません。当時と現在の国際法をしっかり見ておく必要があります。

国際法は次第に発展してきました。とくに国際人権法と呼ばれる法体系は主に第二次世界大戦後になって発展してきたものです。そこだけをとらえて議論すると「現在の法で裁くな」という反発が出るのですが、国際法は徐々に発展してきたし、今も発展途上です。

女性の人権と戦争犯罪の国際刑事管轄の確率

現在の話になりますが、この問題では一九九〇年代に起きたドラスティックな転換が見落とされがちです。転換と言っても、それ以前に違法だったものについてさらに違法性の度合いが強くなるような議論に変わってきたということです。一つあげれば、冷戦終結後の植民地支配や人種差別に対する考え方の変化です。たとえば二〇〇一年の人種差別反対世界会議のダーバン宣言です。「植民地支配のもとにおける奴隷制は人道に対する罪であった」と、国連が初めて認めたのが二〇〇一年のダーバン宣言です。これは一九九〇年代の議論の積み重ねを経てまとめられた文書で、アパルトヘイトを克服した南アフリカのダーバンで開催された世界会議で採択されました。*5

あるいは、国際法はもともと国家と国家の間の関係を規律していたものですが、国際人権法の形成と転換のなかで、個人が登場してきます。被害を受けた個人が国際法にのっとって賠償請求権をもつ。実際これは古くからあったのですが、一九七〇〜八〇年代とくに強まってきた問題ですね。とりわけ焦点となったのが女性の権利です。ウィーンで行なわれた一九九三年の世界人権会議や、一九九五年の北京世界女性会議をはじめとして、女性の権利が人権のメインストリームに取り入れられる。その作業がずっと続いてきたなかで「女性に対する暴力」が大きなテーマとなり、一九九三年には国連女性に対する暴力撤廃宣言が採択されました。一九九四年から国連人権委員会に「女性に対する暴力特別報告者」が設置されて、活動を続けました。現在の国連人権理事会にも同じ女性に対する暴力特別報告者制度があります。

＊5　ダーバン2001編「反人種主義・差別撤廃世界会議と日本」『部落解放』五〇二号、解放出版社、二〇〇二年。

もう一つの転換は、国際刑事司法制度の飛躍的発展です。[*6〜11]

一九四〇年代に、ナチス・ドイツの戦争犯罪を裁いたニュルンベルク裁判、そして極東における戦争犯罪を裁いた東京裁判が行なわれました。ニュルンベルク裁判はドイツの戦争犯罪人だけを裁き、東京裁判は日本の戦争犯罪人だけを裁きました。これらが終わった後、国際社会は常設の戦争犯罪法廷を設置しようとしたのですが、東西対立の激化によって中断しました。半世紀を経て一九九〇年代に旧ユーゴ国際刑事法廷とルワンダ国際刑事法廷が動きはじめ、一九九八年にイタリアのローマで採択された国際刑事裁判所規程に結実しました。そのなかで、戦時における女性に対する戦争犯罪や、人道に対する罪における強かんや性奴隷制の禁止規定が注目を集めました。国際刑事裁判所はオランダのハーグに設置されて、現在次々と戦争犯罪や人道に対する罪の審理をしています。

こういうさまざまな流れが合流したわけです。女性の人権と戦争犯罪の国際刑事管轄権の確立のなかで、「慰安婦」問題というのはど真ん中にあるテーマだったのです。「慰安婦」問題がリードして国際法を変えてきた、と言ってもよいと思います。

クマラスワミ報告書への道

今日はその全体に言及することはできませんので、今、焦点となっている

*6　前田朗『戦争犯罪論』青木書店、二〇〇〇年。
*7　前田朗『ジェノサイド論』青木書店、二〇〇二年。
*8　前田朗『民衆法廷の思想』現代人文社、二〇〇三年。
*9　前田朗『侵略と抵抗』青木書店、二〇〇五年。
*10　前田朗『人道に対する罪』青木書店、二〇〇九年。
*11　前田朗「旧ユーゴ、ルワンダ国際法廷で戦時性暴力はいかに裁かれてきたか」『女たちの21世紀』26号、アジア女性資料センター、二〇〇一年。

クマラスワミ報告書がどのように形成され、どういう意味があるのかを確認し、その前提となる奴隷概念に少し踏み込んで話したいと思います。

一九九六年四月にクマラスワミ報告書は国連人権委員会で全会一致で採択されました。そのときに出されたのは「家庭における暴力特別報告書」「調査・報告フォーム」、「日本軍『慰安婦』問題報告書」――三つの報告書でした。これらが一括して審議されました。そして、特別報告者の活動を「歓迎」し、報告書を「留意する」、という形で採択されました。当時の人権委員会は五十三カ国の政府代表が委員でしたので、議長を除いた五十二カ国の事前の賛成が得られたため、投票なしで採択されたのです。五十二カ国の一つが日本です。日本政府も賛成したのです。そこに至る経緯は非常に長いのですが、要点だけ説明します。

一九九〇年六月、国会で労働省の答弁があったのですが、このときの国会質問と答弁の経過はご存じない方が多いと思います。参議院議員（当時）の本岡昭次さんの資料をご覧ください。[*12] 実は当時、朝鮮学校の生徒たちはＪＲの定期券を買えませんでした。私たちはＪＲ東日本や運輸省へ行き、「通学定期券を買えるようにしてください」と申し入れをしました。弁護士の床井茂さん、空野佳弘さん、武村二三夫さんなどでつくった小さなグループですが、在日朝鮮人・人権セミナーといって、私が事務局長でした。でもなかなかうまくいきません。文部省（文科省）が認めなかったからです。[*13]

＊12　本岡昭次『「慰安婦」問題と私の国会審議』本岡昭次東京事務所、二〇〇二年。

＊13　在日朝鮮人・人権セミナー編『在日朝鮮人と日本社会』明石書店、一九九九年。映像参考資料『定期券の話――朝鮮学校に通う』一九九三年。

そこで、参議院議員（当時）の清水澄子さんと本岡昭次さんに国会質問をお願いしました。質問を準備するなかで、沼津から静岡の朝鮮学校に通っている生徒がいて、通学途中にトンネルがあるのですが、そのトンネルで彼の祖父が働いていたということがわかりました。強制連行されてきた祖父が掘ったトンネルを孫が通っているのに通学定期券も買えない。これでいいのですか、と国会質問をしてもらいました。そこで調べると、強制連行以外にも、「従軍慰安婦」や「南方方面派遣団」などの歴史が出てきました。その全体を取り上げて質問がなされました。「従軍慰安婦」について、当時の労働省職業安定局長が「いや、軍は関与していない。民間の業者が連れ歩いた」という答弁をしました。これが一九九〇年六月のことです。

そのニュースを知った韓国の女性運動が本格的に取り組みをはじめました。もちろん、それ以前から尹貞玉《ユンジョンオク》先生が調査・研究をされていましたし、日本各地でこの問題に取り組んできた人がたくさんいたわけです。私たちはそうした動きを知らずに、ＪＲ定期券問題に関する国会質問をしていただいたのです。韓国の女性運動の取り組みを経て、金学順《キムハクスン》さんのカムアウトにつながりました。

その報道を見たお一人が戸塚悦朗さん（当時弁護士、のちに龍谷大学教授）です。戸塚さんが、一九九二年二月、ジュネーヴの国連人権委員会で、国際教育開発（ＩＥＤ）というＮＧＯのメンバーとして、「慰安婦」問題を初め

■映像参考資料
＊1　『なぜ？　90年5月・外国人登録法違反事件』一九九〇年。
＊2『空白の四五年――新たな日朝関係へ』一九九一年。
＊3　『朝鮮人元従軍慰安婦の証言――ピョンヤン１９９２』朝鮮人強制連行真相調査団、一九九二年。
＊4『定期券の話――朝鮮学校に通う』一九九三年。
＊5『生きている間に語りたかった――日本の戦後補償に関する国際公聴会の記録』同実行委員会、一九九三年。
＊1～4は前田が関わったもので、＊5のなかに一九九〇年六月の国会答弁、労働省職業安定局長の答弁の一部が写っている。

て国際社会にアピールしたのです。そのときの文書は残っていません。事前に文書を提出するのではなく、口頭で発言されたようです。戸塚さんが最初に遣った言葉は「性奴隷（sex slave）」でした。現在、性奴隷制は「性奴隷制（sexual slavery）」と言っていますが、戸塚さんは「性奴隷」という言葉を遣ったということでした。そのことが報道され、日本で次の動きが起こりました。洪祥進《ホンサンジン》さんや空野佳弘さん（弁護士）などが中心となって朝鮮人強制連行真相調査団の活動をはじめていましたが、洪さんが戸塚さんに連絡を取り、その後、ジュネーヴの国連人権委員会に通うようになりました。

資料で残っているのは一九九三年二月のNGO文書です。その前にすでに日本の戦後補償に関する国際公聴会が神田パンセで開催されました。超満員、大盛況でしたが、南北朝鮮、中国、オランダの被害者の方、それからオランダの国際法学者のテオ・ファン＝ボーベンさん、アメリカの弁護士のカレン・パーカーさんなどが来日しました（映像参考資料＊5）。

一九九三年夏以後、国連人権委員会で、当時はオランダに本部があった国際友和会（IFOR）というNGOが問題提起を続けました。その間の詳しい経緯は、戸塚悦朗著『日本が知らない戦争責任』[＊14]に書かれています。

一九九三年のウィーンの世界人権会議で初めて国連文書に「sexual slavery」という言葉が載りました。もちろん日本軍「慰安婦」を念頭に置いています。同時に、女性に対する暴力特別報告者をつくることも決まりま

＊5『生きている間に語りたかった——日本の戦後補償に関する国際公聴会の記録』同実行委員会、一九九三年。

＊14　戸塚悦朗『日本が知らない戦争責任』現代人文社、一九九九年［普及版二〇〇八年］）。

した。一九九四年にクマラスワミさんが特別報告者に選ばれ、一九九五年に最初の予備報告書が出ます。本報告書の提出がはじまったのが一九九六年です。

その間、国連でどういう議論をしていたかがポイントですが、実は「慰安婦の強制連行があったかなかったか」という議論はしていません。これは誤解されていますが、そういう議論はされていません。なぜなら一九九三年八月の河野談話以降、国連では河野談話を前提に議論したのです。日本が「慰安婦」の歴史的事実を認めたことを前提として、それでは日本に法的責任があるのかという議論をしていたわけです。日本政府は「慰安婦問題は国連ができる前の話だから取り上げるな」とか、「サンフランシスコ条約で解決したから取り上げるな」とか、「個人には賠償請求権はない」といった法律論で反論していました。時には「奴隷の禁止は国際慣習法ではなかった。日本は奴隷条約を批准していないから、拘束されない」とか、「戦時の強かんは当時は許されていた」とか、びっくりするような主張をしていました。ですから、当時の議論は法律論をめぐるもので、事実認定を争う議論ではありません。

一九九六年に私たちNGOは、国連人権機関における「慰安婦」関連文書一式を収めた資料集を作成しました。[*15] ジュネーヴで戸塚さんが編集したものです。クマラスワミ報告に至る議論の過程で作成された文書――国際友和会

＊15　Selected Papers on the Legal Issues Concerning Military Sexual Slavery, edited by Etsuro Totsuka, IFOR.（一九九六年、国連人権理事会の際に各国政府に配布した資料）

の発言、国連人権委員会の決議や資料、国際法律会議委員会報告書などの文書が収められています。ここには吉田証言は登場しません。登場するのは、クマラスワミ報告書のところだけです。クマラスワミ報告書はヒックスの英語の著作を使ったために吉田証言が引用されていますが、国連人権委員会における議論にはヒックスも吉田証言も登場したことがありません。

日本政府の秘密文書

次は、日本政府の秘密報告書です。*16 二〇一四年になって某新聞と月刊誌が大スクープと称して騒いだ「日本政府の秘密文書」です。私は一九九六年当時からコピーを持っています。これはクマラスワミ報告書に対する反論文書で、日本政府が一九九六年三月に国連人権委員会に正式に提出しました。ただし、秘密にされていました。当初はNGOメンバーは見ることができません。どうも様子がおかしいと言っているうちに、各国政府が「実は日本政府から秘密報告書をもらっている」という話が出てきた。日本政府は人権委員会に出しつつ、これを関連各国政府に秘密裏に渡して交渉したわけです。「クマラスワミ報告書は国際法の解釈がまちがっている、事実認定もまちがっている、クマラスワミ報告者はいい加減な人間だ」という誹謗中傷です。

私たちは日本政府に質問しましたが、外交官は「そんなものはない」と否定しました。しかし、国連事務局に聞くとどうやら文書が出ている。それは

＊16 Views of the Government of Japan on the addendum 1.(E/CN.4/1996/53/Add.1)to the report presented by the Special Rapporteur on violence against women.（一九九六年、国連人権理事会に提出しようとしたが撤回に追い込まれた日本政府文書）

まだ秘密の段階だったので、出せない。そんな状況が続いたのですが、途中である政府が「持ってるよ」と教えてくれたのです。ほかの国も「わが国も持ってる」ということで、私たちはコピーを入手しました。それをもって日本政府に尋ねても、「それは知らない」と相変わらずでした。そして日本政府は慌ててこの文書を撤回しました。国連人権委員会に提出して、正式に受理され、正式の文書番号も付されて、印刷寸前になっていたものを、丸ごと撤回したのです。この文書は存在しないことになりました。*17

決議をどうするか、揉めに揉めたのですが、当時、女性に対する暴力の議題を担当したのがカナダ政府でした。カナダ政府と日本政府、脇で韓国政府が意見を言う形で、二転三転しました。カナダ政府は全会一致で採択するために調整を続けたのですが、日本政府が反論にならない反論を繰り返したために、なかなか合意形成ができませんでした。途中で、戸塚さんが韓国政府に「もう投票を要求してはどうか」と話しています。投票すれば51対1で勝つだろうと予測していました。1は日本です。だから、韓国政府が投票を要求すれば、日本政府は逃れようのない危機に立たされます。韓国政府は「そこまでやって日本政府を辱めるわけにはいかない」と言いました。というわけで、韓国政府は投票要求しなかったんです。そして、最後の最後に「留意する」が入り、日本政府がこれを認めて、全会一致で採択に至りました。*18

＊17　最近のニュースで、日本政府は「これは分量が多すぎると言われたので差し替えて短いものにした」と言っていますが、ちがいます。正式に受理されて印刷寸前だったものを取り消したのです。取り消したのは、各国から国際法の解釈が支持を得られなかったこと、クマラスワミ報告者を侮辱していると指摘されたためです。差し替えた文書では国際法の解釈についても、事実についても触れていません。日本政府はアジア女性基金で一所懸命やっていますという説明が中心です。基本的部分がすべて削除されたのです。つまり、前提となる事実を認めたのが日本政府なのです。

＊18　戸塚悦朗『日本が知らない戦争責任』現代人文社、一九九九年［普及版二〇〇八年］）。

吉田証言をめぐって

一度は出した秘密文書を丸ごと撤回したものだから、日本政府は表舞台で吉田証言についての削除要求しなかった。当時すでに秦郁彦さんが吉田証言の信ぴょう性に疑問を表明していました。日本政府の秘密文書では「クマラスワミ報告書は吉田証言を引用しているが、吉田証言は信ぴょう性がない」と述べていました。ところが、丸ごと撤回して、差し替えた文書にはこのことが書いてありません。そして、日本政府は決議に賛成したのです。表舞台で吉田証言に関する異議申し立てをしませんでした。後になって、異議申し立てをしなかったことに気づいて慌てますが、時すでに遅し、です。

最近になって、外務省は「クマラスワミ報告者に廊下で会った時に立ち話をして、吉田証言を削除してほしいと伝えた」と言っていますが、そのような記録は残っていません。そもそも廊下の立ち話で済むようなことではありません。人権委員会がはじまる前、事前にクマラスワミ報告書をもらっていたにもかかわらず、訂正要求をせず、一方、表舞台では決議に賛成の意思表示をして全会一致で採択されたわけです。その後も、国連人権委員会で他国やNGOから批判を受けたときにも、日本政府が吉田証言について反論したことは一度もありません。一八年もの間、異議申し立てをしなかったのに、今さらとやかく言えるのでしょうか。

日本政府も多くのメディアも、『朝日新聞』誤報事件と騒いでいますが、ちがいます。日本政府は吉田証言が疑問だと知りながら、訂正要求をせずに一八年間、放置しました。『朝日新聞』以外の各メディアも同じ報道をしました。*19 当時と事情が変わっていないのに、今になって日本側の都合だけであれこれ勝手な主張をしても国際社会に通りません。

奴隷廃止の流れ

次に、国際法における奴隷概念の定義ですが、まず簡明な事実を確認しましょう。国連人権委員会での議論のベースは国際法です。日本が国際法に違反したか否かが問われました。当然、当時の国際法についての評価です。

クマラスワミ報告書における軍事的性奴隷制の定義は「特別報告者は、戦時、軍によって、または軍のために、性的労務を与えることを強制された女性の事件を軍事的性奴隷制の慣行ととらえている」、「特別報告者は『慰安婦』の慣行は、関連国際人権機関・制度によって採用されているところによれば、性奴隷制および奴隷類似慣行の明白な事例ととらえられるべきであるとの意見を持っている」*20 というものです。「軍事的性奴隷制」のなかの奴隷制について、「奴隷制および奴隷類似慣行」とあります。これは奴隷条約をはじめとする奴隷廃止の国際法で用いられた用語です。

奴隷廃止というと米国のリンカーンからはじめる人が多いのが実情です。

＊19 Fight for Justice ブックレット1『「慰安婦」・強制・性奴隷――あなたの疑問に答えます』日本軍「慰安婦」問題 web サイト制作委員会編、吉見義明・西野瑠美子・林博史・金富子責任編集、御茶の水書房、二〇一四年、八二〜八七頁。

＊20 ラディカ・クマラスワミ、クマラスワミ報告書研究会訳『女性に対する暴力』明石書店、二〇〇〇年。

ローマ時代はともかく、近代に入ってからを見ても、奴隷廃止の動きはリンカーン以前に重要な歴史を刻んでいます。[*21]

一九世紀後半、ヨーロッパ諸国も奴隷廃止を課題とせざるをえなくなり、一八八五年のベルリン一般協定、一八九〇年のブリュッセル一般協定・宣言を経て、一九〇五年に、醜業（White Slave）協定が採択されます。日本政府が「醜業」と翻訳したためわかりにくいのですが、白色奴隷を禁止する協定です。白色奴隷とは性的労務を強要された女性たちです。つまり、人身売買と性的搾取をなくすための努力がはじまったのです。日本の運動レベルでは廃娼運動です。一九〇六年には、英仏伊アビシニア協定が結ばれ、続いて一九一〇年に醜業（White Slave）条約が締結されました。[*22] さらに、一九一九年のサンジェルマン条約、一九二二〜二三年の国際連盟でのアビシニア奴隷問題の議論を経て、一九二四年に国際連盟・奴隷制委員会が奴隷条約の草案を作成しますが、そこでは人間搾取の諸形態の文書化が行なわれました。ところが、一九二五年、セシル提案（条約第一条一項）によって「搾取から所有へ」の転換がなされ、一九二六年の奴隷条約が成立しました。

奴隷の定義をめぐって

重要なことは、第一に、奴隷の定義の際に、その対象は黒人奴隷と白色奴隷の両方だったことです。黒人奴隷は、大西洋奴隷取引の結果、南北アメリ

＊21　奴隷制廃止の要求は、フランスに対し、自由・平等・独立の市民を認めよというスローガンを掲げました。フランスは自分たちだけ自由・平等・独立の市民と言いながら、植民地で奴隷制を敷いていたからです。最初に立ち上がったのは一七九一年のハイチ革命で、フランスから独立し、自由共和国をつくりました。グレナダ、セントルシアなどカリブ地域でも闘いが続きます。一八〇〇〜一八三〇年代に全米各地で奴隷廃止が実現します。その後一八六〇年代、最後まで奴隷制に固執した米国にリンカーンが登場するのです。

＊22　Jenny Martinez, The Slave Trade and the Origins of International Human Rights Law, Oxford University Press, 2012.

カに送られた奴隷ですが、同時にエチオピアのアビシニア問題も議論されました。黒人奴隷は労働力を搾取され、白色奴隷は性的搾取を受けたのです。

第二に、一九二五年に、「搾取から所有へ」と議論が転換したことです。一九二四年までは奴隷は「搾取概念」で定義していました。人間から搾取すること、つまり、他人の労働から搾取をすることを定義に使っていました。ところが、一九二五年にイギリス首相の息子でノーベル平和賞受賞者のセシル・ローズが「搾取概念ではだめだ」と主張して、「所有概念」を持ち出します。なぜかというと、労働力を搾取されていると定義すると、労働者すべてが奴隷ということになってしまう。マルクス主義者なら労働者は賃金奴隷だと主張することもあり得たでしょうが、資本主義諸国が中心になって議論していましたから、搾取概念ではなく所有概念としたのです。

その結果が、奴隷条約第一条第一項および第二項です。*23 第一項の奴隷制は強制連行の有無とは関係もありません。所有権行使の客体を奴隷としているのです。

第一条第二項は強制連行と関係があります。奴隷取引には人身売買・強制連行があったかなかったかが関わるようになります。捕捉、取得、売買、交換、取り引き、輸送という要素が列挙されていますので、ここに強制連行が含まれることは明らかです。強制連行のない場合もありえますが、強制連行があればこれらに該当する可能性が高いことが確認できます。

＊23　奴隷条約第一条
第一項「奴隷制度とは、その者に対して所有権に伴う一部又は全部の権能が行使される個人の地位又は状態をいう。」
第二項「奴隷取引とは、その者を奴隷の状態に置く意思をもって行う個人の捕捉、取得又は処分に関係するあらゆる行為、その者を売り又は交換するために行う奴隷の取得に関係するあらゆる行為、売られ又は交換されるために取得された奴隷を売り又は交換することによって処分するあらゆる行為並びに、一般に、奴隷を取り引きし又は輸送するすべての行為を含む。」

第一条第一項の奴隷制は、強制連行があったかなかったかではなく、所有権概念で決まります。第二項も、つねに強制連行を要するわけではありません。結論として、「慰安婦」が奴隷であったか否かは強制連行の有無に依存しません。「強制連行はなかったから奴隷ではない」という理屈は通りません。

所有権とは何か

所有権についてもう少し補足します。所有権にともなう権能とは何を意味しているのかです。今日はジーン・アレイン（クィーンズ大学教授、国際法）が編集した『奴隷制の法的理解——歴史的理解から現代的理解へ』という本を持ってきました。*24 ジーン・アレインの論文「二一世紀に至る奴隷の法的定義」、ロビン・ヒッキー（ダーラム大学講師、所有権法）の論文「奴隷の定義を理解するために」、J・E・ペナー（ロンドン大学教授、所有権法）の論文「所有概念と奴隷概念」が重要です。本書を通じて、米州圏だけでなくイスラム圏やフランス、ヨーロッパなども含めた奴隷廃止のプロセス、そして奴隷条約、現代の奴隷まで含めて書かれています。ポイントだけ言いますと、「所有権とは何か」です。日本の民法の定義では、所有権というのは「使用、収益、処分する権限」と教えます。これは日本人が考えたのではありません。近代的所有の概念としての所有権は life to use、life to income、life to manage であるとされています。

*24 Jean Allain (ed.), The Legal Understanding of Slavery, From the historical to the contemporary, Oxford University Press, 2012.

私が今持っているこの時計は私の時計ですから、私は自分で使うことができる、人に貸すこともできる、売ることもできる、捨てることもできる——これが所有ですね。それが物でなく人間に対して行使される。所有権の客体とされたのが奴隷です。その中身は先ほど小野沢さんが報告されました。

このように強制連行がなくても、奴隷概念は成り立つのです。強制連行によって奴隷をつくることもできますが、強制連行しなくても奴隷をつくることができます。なぜなら、奴隷契約を結べば奴隷にできる。あるいは奴隷は家族を持ち、そこに子どもが生まれますから、その子どもも奴隷になるのです。奴隷は財産ですから、奴隷所有者にとっては奴隷にはなるべく健康で働いてもらい、なおかつ子どもを生んで明るく楽しく暮らしてもらわなくてはならないのです。奴隷を鎖に縛りつけて悲惨な状態にしておいてはだめなんです。それでは奴隷を働かせることができません。教会に通い、学校にも通い、子どもを生んでもらうと奴隷所有者の財産が増える。これが正しい奴隷所有者の考えであり、奴隷とはそういう概念だ、ということです。これは一九二六年段階の奴隷概念です。*25

念のために強調しておきますが、日本軍性奴隷制度は現代諸形態ではなく、古典的奴隷の典型例です。一九九六年のクマラスワミ報告書に続いて、一九九八年のゲイ・マクドゥーガル「戦時組織的強姦・性奴隷制特別報告者」の報告書でも日本政府に対する強い勧告が出されています。

＊25　その後、一九四九年の人身売買禁止条約、一九五三年の奴隷制補足条約がつくられました。さらに、一九八〇年代には奴隷制の現代的諸形態という表現で、さまざまな形態の奴隷が「発見」されていきます。国連人権委員会人権小委員会の議論では、一九八九年に人身売買の禁止、売春からの搾取の全体が奴隷的であるとされ、一九九〇年には子どもポルノ、一九九一年には子ども兵士、一九九二年には臓器売買、一九九三年には近親姦、一九九四年年には移住労働者、セックス・ツーリズム、そして一九九七年には早期結婚、拘禁された少年も議論の対象となっていきました。

「慰安婦」問題について重要なのは、当時の法にもとづいて違法であったかどうかです。奴隷条約、慣習国際法としての奴隷の禁止、醜業協定、醜業条約、人身売買禁止条約、強制労働条約に照らしてどうだったのか。このことを適切に判断したのが国連人権委員会だったのです（国際法における奴隷概念について詳しくは本書、東澤靖論文参照）。

金富子　ありがとうございました。国連の現場にいなければ語ることのできない、日本政府と、ＮＧＯの生々しいやりとりを語っていただきました。しかし、日本政府を含め、クマラスワミ報告を全会一致で採択したという事実はやはり重いと言わざるをえません。最後には国際法における奴隷概念についてわかりやすく解説していただきました。

現代日本における人身取引問題
――性的搾取を中心に

大野聖良

金富子　それでは最後のパネラーですが、一気に年齢が若くなります。大野聖良さんです。大野さんは現在、日本学術振興会特別研究員です。ジェンダー研究者として最近学位を得た博士論文では、日本の人身取引問題を取り上げ深く追究しました。今日はその成果の一部を現代日本社会における人身取引問題と題して報告していただきます。性奴隷というと過去の問題だとか、あるいは今の日本社会にまったく関係ない問題だと考えがちなんですけれども、実はそうじゃないということがこの報告を聞いてわかると思います。

大野聖良　こんにちは。はじめまして。今日は「現代日本における人身取引問題――性的搾取を中心に」というタイトルでお話しします。「人身取引」は現在公式に用いられている和訳で、英語ではtrafficking in personsと言われています。「人身売買」という用語もしばしば使われていますが、本日は「人身取引」という言葉を遣います。今日は、現代日本社会で私たちの足

もとにある、一つの性奴隷制の問題として人身取引という問題があることをお話しします。パワーポイントをご覧いただきながらお聞きください。統計に関しては警察庁のものを使っておりますので警察庁のホームページで確認していただくこともできます。

私の報告では、まず「人身取引は現在どのように定義されているのか」、次に「国際社会で人身取引はどのように議論されてきたのか」、「日本ではどのような問題として議論されてきたのか」、そして「現在日本では、どのような形態の人身取引が発生しているのか」をお話しします。

人身取引は現在どのように定義されているのか

人身取引は現在、米国や国際機関の一部では現代的奴隷制と言われています。人間を商品のように売買するのは近代国家では個人の人格や身体の自由を侵害する行為として禁止されてきたわけですが、今現在そのような行為がなくなったわけではありません。【資料1】は二〇〇二年に米国のジョンズ・ホプキンス大学

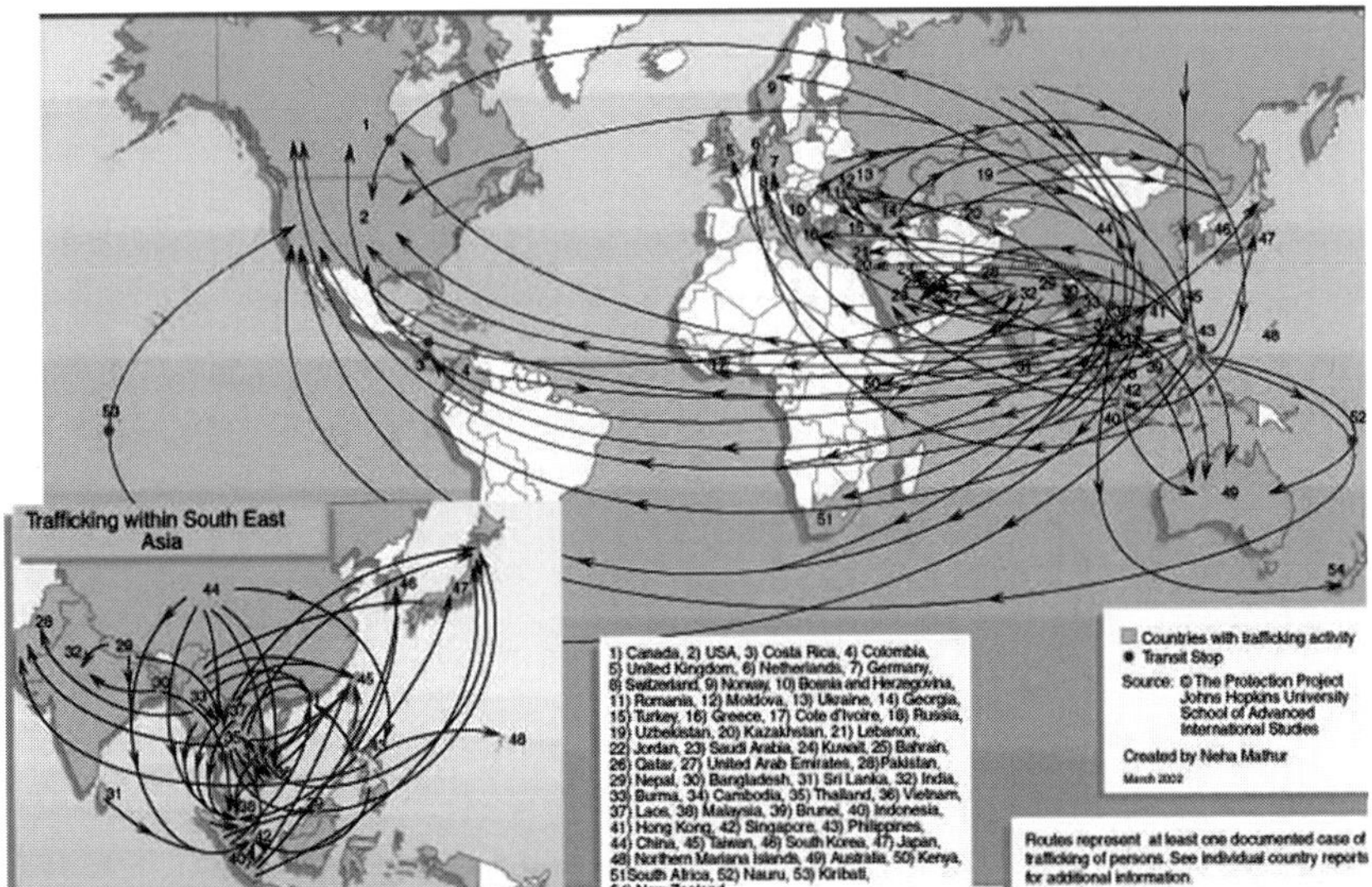

【資料1】 東アジアの女性たちが人身取引で送られた地域
（ジョンズ・ホプキンス大学高等国際問題研究大学院プロテクション・プロジェクト発表）

のリサーチチームが作成したもので、東南アジア諸国の女性たちが人身取引でどの国・地域に送られているのかを示しています。地図を見ていただくとわかるように、さまざまな方向にたくさんの矢印が伸びていますが、日本に向かって何本も矢印が描かれています。これは、日本が主要な人身取引受け入れ国であることを表しています。

まず、「人身取引とは何か」ということからはじめます。「人身取引」という用語は二〇〇〇年に人身取引禁止議定書という国際法の中で初めて包括的に定義されました。[*1] きわめて最近のことですが、人身取引が最近出てきた新しい問題だからではありません。後ほどお話しますが、人身取引は一九世紀末から国際社会で問題視されますが、問題を的確に把握することは容易ではなく、二〇〇〇年になるまで国際社会で共通認識を形成できずにいたのです。

【資料2】を見ていただくと、人身取引禁止議定書で人身取引は目的、手段、行為から定義づけられています。搾取目的で、暴力や詐欺などの行為を用いて人を獲得し移動させることとされています。ここで重要なのは、搾取目的であるということです。搾取の形態としては性的搾取、労働搾取、臓器摘出といったものがあります。

本日は、性奴隷制という観点から、また、日本では今まで性的搾取目的での人身取引が多く報告されてきましたので、それにしぼってお

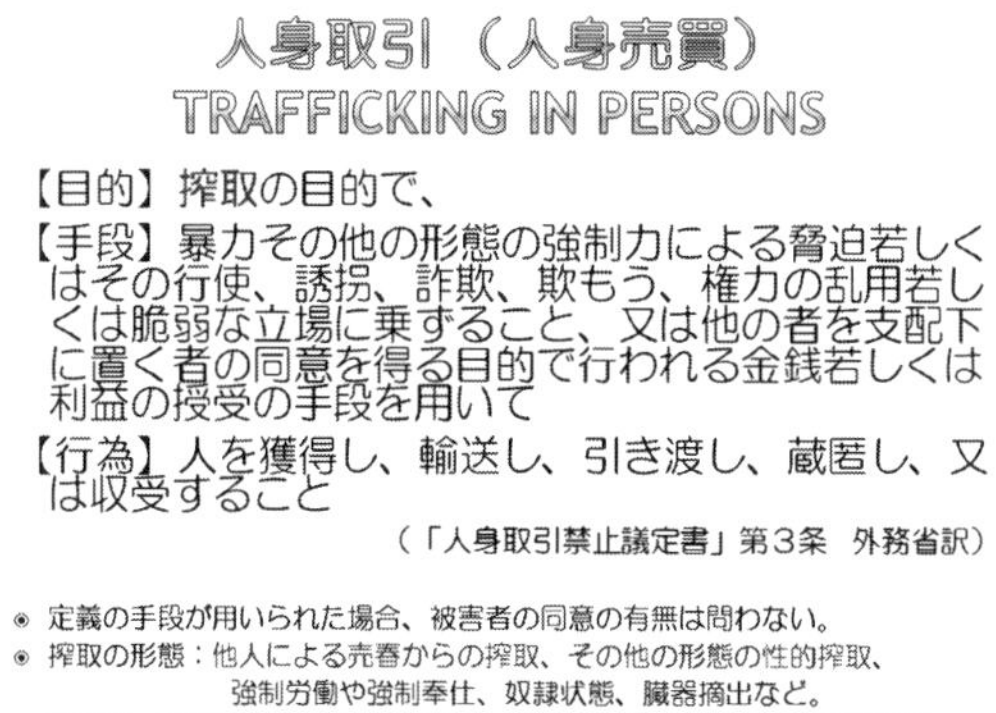
【目的】搾取の目的で、
【手段】暴力その他の形態の強制力による脅迫若しくはその行使、誘拐、詐欺、欺もう、権力の乱用若しくは脆弱な立場に乗ずること、又は他の者を支配下に置く者の同意を得る目的で行われる金銭若しくは利益の授受の手段を用いて
【行為】人を獲得し、輸送し、引き渡し、蔵匿し、又は収受すること
◉ 定義の手段が用いられた場合、被害者の同意の有無は問わない。
◉ 性産業、家事労働、商業的国際結婚、農園・漁業・鉱山労働、工場労働、角膜・腎臓摘出など…

【資料２】人身取引禁止議定書 第３条　外務省訳

＊1　外務省による和訳では、「国際的な組織犯罪の防止に関する国際連合条約を補足する人（特に女性及び児童）の取引を防止し、抑止し及び処罰するための議定書」。http://www.mofa.go.jp/mofaj/gaiko/treaty/treaty162_1.html（二〇一五年一月一一日取得）

話しします。

国際社会で人身取引はどのように議論されてきたのか

次に、「人身取引は国内外でどのように議論されてきたのか」についてお話しします。人身取引についての議論は、一九世紀末のヨーロッパ社会で大きな社会不安を引き起こした「白人奴隷」white slave 問題までさかのぼります。「白人奴隷」問題はほかのパネリストの方の資料にもありましたが、これはイギリスの少女が売春目的で他国に売られていたことが新聞に報道されたのをきっかけに発覚した問題で、白人少女が黒人奴隷のように国境を越えて売られていることがヨーロッパ社会にモラル・パニックを引き起こしました。しかしこれは、もちろん白人だけの問題ではなかったわけです。

【資料3】は、イギリスの帝国主義とセクシュアリティの関係を研究したロナルド・ハイアム（Ronald Hyam）『セクシュアリティの帝国——近代イギリスの性と社会』に掲載されたもので、一九一四年当時世界中に張りめぐらされた売春組織網をしるした地図です。これを見ると、世界各

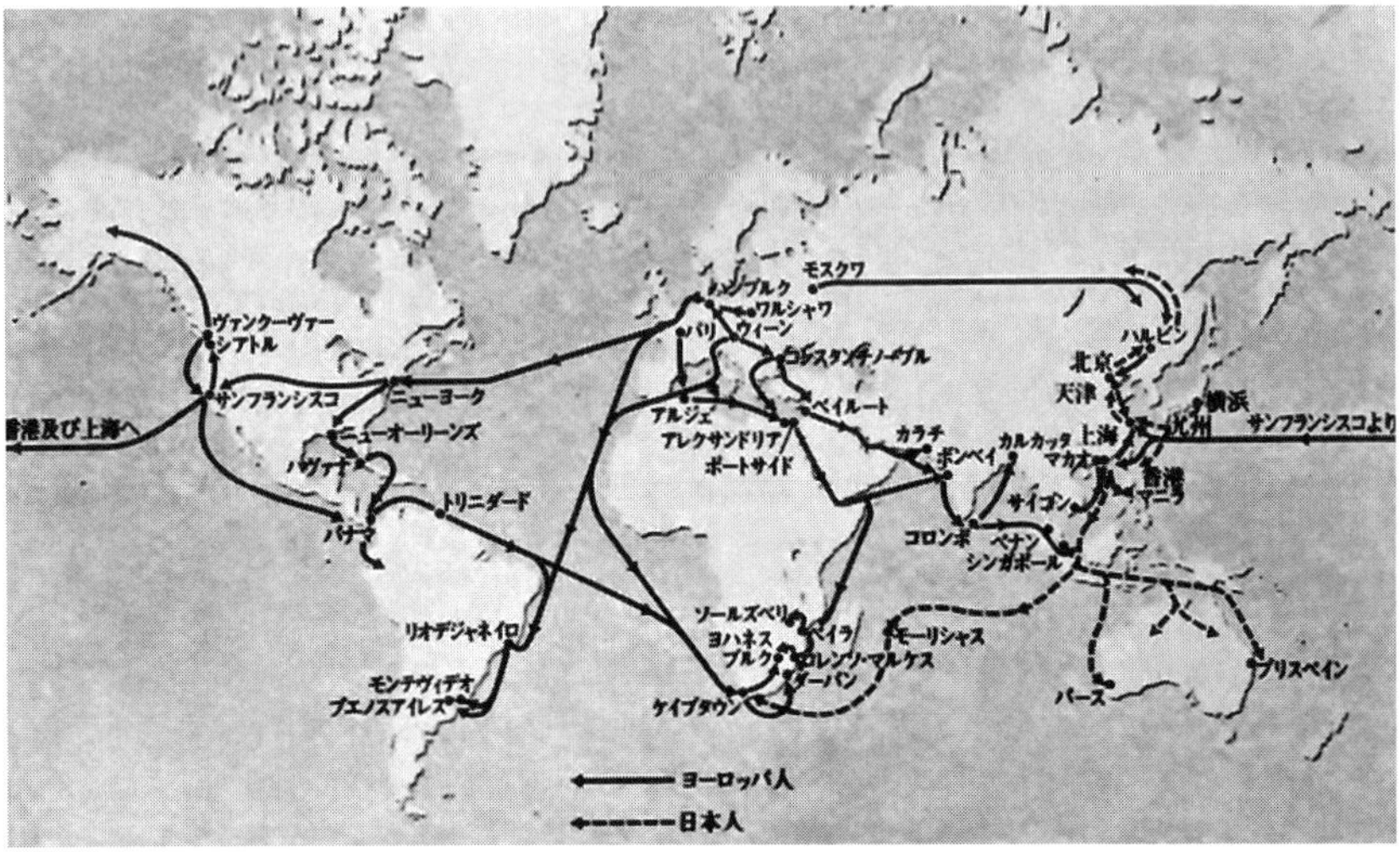

【資料3】1941年の売春組織網。ロナルド・ハイアム『セクシュアリティの帝国——近代イギリスの性と社会』本田毅彦訳、柏書房、1998年より。

地に売春施設があり、そこへ女性が送られていったことがわかりますが、興味深い点は日本女性もこの組織網によって送られていたことです。いわゆる「からゆきさん」と呼ばれた女性たちだと考えられます。また、この地図にはありませんが、日本女性だけでなく多くの有色女性も、売春目的で世界各地に送り込まれていました。それにもかかわらず、「白人女性」だけが問題視されたわけで、「白人奴隷」という問題の切り口自体に人種差別主義的な視点が表れていると言えます。

さて、ヨーロッパにモラル・パニックを引き起こした「白人奴隷」問題は、国際会議でも取り上げられ、【資料４】のように、一九〇四年“The International Agreement for the Suppression of White Slave Traffic”（日本語訳「醜業行わしむる為の婦女売買取締に関する国際協定」）を皮切りに、それを取り締まる条約・協定がつくられました。そして言葉も変わってきます。一九〇四年から一九四九年まで white slave という用語から traffic in women ／ persons（人身売買）へ変わりました。しかし、さきほど話したように、どの条約・協定も一体何が traffic なのかをきちんと定義していませんでした。また、条約・協定ができても、各国の国内法との兼ね合いでさまざまな限界があり、必ずしも廃絶に向けて有効なものとは言えませんでした。一九四九年“The Convention for the Suppression of the Traffic in

年	協定・条約	日本語訳・日本の批准・締結状況
1904	The International Agreement for the Suppression of White Slave Traffic （欧州12カ国批准）	醜業行わしむる為の婦女売買取締に関する国際協定 （締結）
1910	The International Convention for Suppression of the White Slave Traffic （13カ国批准）	醜業行わしむる為の婦女売買禁止に関する国際条約 （1925年締結）
1921	The Convention for the Suppression of the Traffic in Women and Child （62カ国批准）	婦人及び児童の売買禁止に関する条約 （1925年締結）
1933	The International Convention for the Suppression of the Traffic in Women of Full Age （27カ国批准）	成年婦女子の売買に関する国際条約 （未批准）
1949	The Convention for the Suppression of the Traffic in Persons and the Exploitation of the Prostitution of Others （82カ国批准）	人身売買および他人による売春からの搾取禁止に関する条約 （1958年締結）

【資料４】「白人奴隷」問題を取り締まる国際条約・協定

Persons and the Exploitation of the Prostitution of Others"(日本語訳「人身売買および他人による売春からの搾取禁止に関する条約」)後は、人々の関心も徐々に薄れてゆきました。条約をつくったからもう大丈夫、といった感じでしょうか。

しかし、一九七〇年代に再びこの問題に光が当てられます。その一因としてフェミニズムの影響があります。特にこの分野で有名な論者の一人としてキャスリン・バリー(Kathleen Barry)がいます。一九七〇年代東南アジアにおいてセックス観光や米兵相手の性風俗産業が繰り広げられていきますが、バリーはそのようななかで起こっている人身取引(人身売買)という問題から性奴隷制 sexual slavery という言葉を提示しました。彼女の著作『性の植民地――女性の性は奪われている』で、性奴隷制を「女性や少女たちが直接自分たちの存在に関わる状況を変えようのない状態、どうしてそうした状態にはまり込んだかという点に関わりなく、そこから抜け出せない状態、女性たちが性的暴力や搾取に従属させられている状態、以上すべての状況に存在する」と説明し、人身売買だけでなくドメスティック・バイオレンスやレイプなど、女性が直面するさまざまな問題に通ずる概念であると述べています。[*2]

また、同時期に国連が女性の人権をめぐる取り組みを展開したことも、国際社会がこの問題に再び目を向けた契機となりました。国連で一九七五年か

＊2 キャスリン・バリー『性の植民地――女の性は奪われている』田中和子訳、時事通信社、一九八四年、四九頁。

ら女性の人権に関わる取り組みが積極的に行なわれ、世界女性会議で人身取引問題が再度クローズアップされました。とくに、一九九〇年代に「女性に対する暴力」という概念が生まれたことはとても重要で、人身取引もその一つであり、女性の人権の問題として国際社会で徐々に認識されるようになりました。

日本では、「ジャパゆきさん」問題から

それでは、日本社会でこの問題はどのように議論されてきたのでしょうか。日本では、一九八〇年代の「ジャパゆきさん」問題にさかのぼることができます。八〇年代に東南・東アジア諸国から多くの女性が日本の性風俗産業で出稼ぎにくることが、マスメディアによって「ジャパゆきさん」現象として大々的に注目されました。その際、彼女たちは「お金を稼ぎに貧しい国から来たしたたかな女性」と描かれがちだったのですが、実は日本でさらなる苦境に直面している女性が少なくなかったのです。どういった経緯で女性たちは来日し、どのような苦境に直面していたのでしょうか。多くは東・東南アジア出身の二〇代・三〇代の女性で、家族を養ったり、よりよい生活を送るためには、自国では思うように収入が得られないとして日本への出稼ぎを決意するわけです。しかし問題は、聞かされていた仕事内容や待遇とまったく異なるものが日本で待っているということです。

【資料5】は典型的な事例を簡単に図式化したものです。たとえば、夫が病気で働けなくなってしまい、自分が家族を養わなくてはならない。しかし、自国の経済状況では満足のいく仕事を得ることができない。そのようなときに、知人（リクルーター）から「日本でレストランのウェイトレスの仕事がある。パスポートなどの手続きは代わりにやってあげるし、お金の心配もいらない。日本での就労先では衣食住が保障されているし、家族に仕送りもきちんとできる」などと日本での出稼ぎを勧められる。複数の仲介者を通じて来日したはいいものの、実際は地方のスナックのホステスだった。そして、スナックのママさんや経営者から、「あなたには三〇〇万の借金がある。ここで働いて借金を私に返済しなさい」と言われる。スナックの経営者らは女性を来日・斡旋してもらうために仲介者に金銭を支払っているので、それを回収しなければならない。

しかし、来日した女性にとって三〇〇万円の借

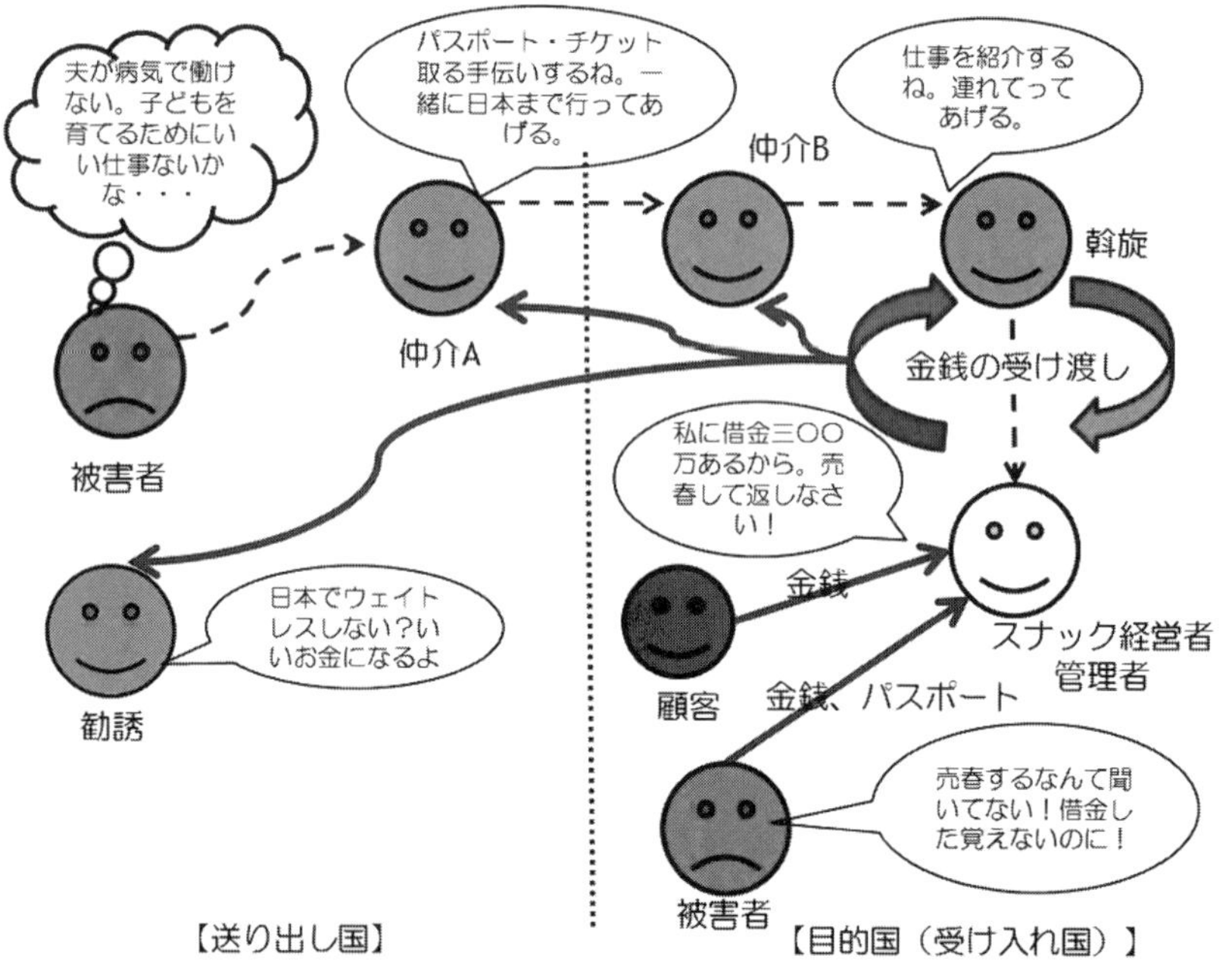

【資料5】日本における人身取引の典型例

金は寝耳に水なわけですね。いわゆる架空の「前借金」というものです。そしてそれをホステス業だけでなく、客に売春してでも返済しろと迫られる。逃亡できないようにパスポートやＩＤを事前に奪われており、日本語もできないため逃げ出してもどこに行けばよいのかわからない。結局、厳しいノルマを課され、長時間低（無）賃金労働を強いられ、外部との接触を制限された不自由な環境においやられ、精神的・肉体的暴力にも晒される。

このようにアジア諸国の女性を搾取する構造が日本社会にあることが一九九〇年前後から明らかになりました。それが明らかになったのは、被害にあった女性を支援する草の根の民間団体や「女性の家ＨＥＬＰ」のような民間シェルターの存在があったからです。[*3] 被害にあった外国籍女性を保護・支援する組織が八〇年代後半から登場しはじめ、彼ら彼女らの活動を通じて女性たちの状況がわかってきたわけです。

「現代の従軍慰安婦」という主張

九〇年代に入ると事態はより深刻になり、同様の状況に直面したタイ女性たちが、スナックのママさんなど自分たちを管理する者を殺して逃亡する事件が、一九八九年に愛媛県道後、一九九一年に茨城県下館、一九九二年に千葉県茂原と東京都新小岩、一九九四年に三重県桑名と千葉県市原で発生しました。女性たちは逮捕され殺人罪などで起訴されましたが、女性たちを支援

＊3　「女性の家ＨＥＬＰ」は日本キリスト教婦人矯風会の創立一〇〇周年を機に一九八六年に設立され、国籍・在留資格を問わない、女性とその子どもたちのための緊急一次保護施設。http://kyofukai.jp/aboutus/inst/help（二〇一五年一月一一日取得）参照。

する市民運動も同時に立ちあがりました。その運動では、彼女たちが殺人を犯した背景には「人身売買」の被害があって、彼女たちはその被害から逃れるためにやむを得ずにやってしまったのだ、正当防衛だということが訴えられ、女性たちの苦境が初めて「人身売買」という言葉で表されたのです。

今日のシンポジウムのテーマとの関連で非常に興味深いのは、裁判支援運動のなかで「人身売買」された女性たちは「現代の従軍慰安婦」であるという主張がなされていたという点です。このような視点が出てきた背景には、裁判支援運動に松井やよりさんや「アジアの女たちの会」が参加していたことが大きく影響していると思います。

どのような主張だったかというと、戦時中の「慰安婦」の性を蹂躙した戦場の男性と、買春観光先でアジア女性を買う企業戦士は同根である。アジア蔑視と女性差別という二重の差別が基盤となった観光買春から多くのアジア女性を輸入し、安価な性商品として売買する。これが「人身売買」の根本であり、アジア女性への性的収奪や経済的収奪や差別などの複合的な暴力なんだ、私たちの社会はそういった暴力や差別によって成り立っていると指摘したのです。[*4]

これは現在でも色褪せない、非常にビビッドな問題のとらえ方だと思います。そうした市民社会の動きが活発であった一方で、政府はどのように対応したかというと、何もしませんでした。なぜなら、政府はこれを「不法就労

＊4　たとえば、下館事件タイ三女性を支える会『買春社会日本へ、タイ人女性からの手紙』明石書店、一九九五年。

問題」としてとらえていたからです。女性たちはホステスなど日本で認められてない就労をしている不法就労者、退去強制対象にすぎませんでした。外国籍女性の人権問題ではなかったのです。

「国際組織犯罪」という枠組み

しかし、その態度が二〇〇〇年以降がらりと変わります。新しい問題枠組みを採用したからです。それが「国際組織犯罪」という枠組みです。各国の市民社会や経済活動の安全がいまや国際組織犯罪に脅かされている、これをどうにかしなくちゃいけないと、九〇年代後半から米国を中心とした国際社会で懸念されています。なかでも人身取引は、組織がローリスク・ハイリターンで利益を得る手段となっており、国際犯罪組織を撲滅させるためには人身取引を取締り廃絶せねばならないという議論の流れが出てきました。

その結果、二〇〇〇年、国連で国際組織犯罪防止条約と人身取引禁止議定書をはじめとした三つの付属議定書が採択されました。これらの条約・議定書を批准するため、また、米国からの強い外圧も受けて日本政府は人身取引対策を講じなければならなくなりました。

二〇〇四年「人身取引対策行動計画」が策定され、加害者訴追・被害者保護・予防という観点から取り組まれました。人身取引が政策課題になったことの大きな変化として、人身取引に関する統計がとられるようになったことがあります。【資料6】は対策が講じられる直前である二〇〇三年一一月一一日の『朝日新聞』です。読みにくいかと思いますが、この記事では人身取引という問題は日本には存在しないとされ、すべて「不法就労問題」とみなされてきたと書かれています。つまり、人身取引の実態がまったく把握されておらず、それに関する公的な統計もありませんでした。八〇年代、九〇年代の被害者数はまったくわかっていません。

行動計画策定後、警察庁が二〇〇一年から現在までの人身取引事案の統計を作成しています。【資料7】は二〇一四年に発表された人身取引事犯の統計です。過去一三年間でタイとフィリピン出身者の被害が圧倒的に多いことがわかります。その被害内容については一〇代から三五歳の女性で売春などの性的被害やホステスとしての稼働による被害が多く、彼女たちは短期滞在、日本人配偶者、興行目的で来日しています。みなさんのなかには、思ったよりも被害者数は多くないじゃないかと思われる方がいらっしゃるかもしれませんが、これはあくまでも警察まで上がってきた被害者数です。なかには大使館経由で帰国した人もいれば、日本のNGO経由で帰国した人もいま

【資料6】『朝日新聞』2003年11月11日

す。ですので、実際の数はこれよりもっと多い可能性が高いでしょう。

なぜ、人身取引はなくならないのか

　それでは、人身取引対策が行なわれている現在、日本でこの問題は解決したのかといえば、いまだに解決していません。それを示すニュースが昨年二〇一四年六月一二日に報道されました。アラブ首長国連邦のドバイにあるホテルで働いていた二〇代のフィリピン女性三人が、日本人男性らに人身取引目的で監禁されたという事件です。男性らに「日本に行った方が稼げるよ」と言われ来日したところ、男性宅に監禁され、最終的に三〇万円と一五〇万円で別の男性に売られた。その一人が脱出して大使館に駆け込んで事件が発覚しました。

　なぜ、人身取引はなくならないのか。なぜこうした問題が生じるのか。まず前提としてグローバリゼーションによって、自分の国で生活が成り立たないのであれば、海外に出稼ぎに行って生活の糧を得るというライフスタイルを選択しやすい時代になっている。また、それを可能にするさまざまなシステムやサービスがあり、国によっては海外出稼ぎを奨励する政策を打ち出していることもあります。海外移住労働が人身取引になってしまうのにはいくつも要因があります。まず、勧誘・仲介・斡旋業者が利益追求のために違法組織化してしまうこと。また、受け入れ国

	13年	14年	15年	16年	17年	18年	19年	20年	21年	22年	23年	24年	25年	計
タイ	39	40	21	48	21	3	4	18	8		12	3	6	223
フィリピン	12	2		13	40	30	22	7	4	24	8	11	1	174
インドネシア	4		3		44	14	11							76
コロンビア	3	6	43	5	1									58
中国（台湾）	7	3	12	5	4	10		5	1		1	1		49
日本							1	2	2	12	4	11	10	42
韓国				3	1	1	5			1		1		12
中国		4	2					1						7
ルーマニア					4									4
中国（マカオ）								2						2
中国（香港）									2					2
ロシア				2										2
カンボジア			2											2
バングラデシュ								1						1
オーストラリア					1									1
エストニア					1									1
ラオス				1										1

【資料７】2001～2013年人身取引事犯　被害者数・国籍（2014年警察庁発表）

の移民政策のあり方。みなさんご存じのように日本は外国人労働者の受け入れに関して非常に厳しいです。基本的に、高度なスキルをもつ外国籍の人々しか「労働者」として受け入れておらず、その基準からもれた人々は不法就労者として働かざるをえない状況にあります。働いているのに「労働者」としての権利を認められない。また、そのような人たちが働く場所も限られていて、多くが不可視化されています。

そして、「外国籍」(いわゆる「先進国ではない」場合はとくに)であり、「女性」であるということからくる複合的差別の問題もあります。さまざまな要因が重なって人身取引という被害が起こってしまう。政府による人身取引対策は一定の評価はできるものの、こうした要因にまでアプローチしていないため、先ほどのような事件が起こってしまうのではないでしょうか。

日本人も人身取引の被害者に

ところで、みなさんもう一度、【資料7】を見てください。注目していただきたいのが、ここ数年、日本人の被害者が見られることです。日本国籍を持つ人と言ったほうが的確かもしれません。二〇一三年に警察庁によって発表された人身取引事犯として、一八歳の日本女性がホストクラブに行き、ホストに借金を負わされその返済のために売春を強要されていたという事件があります。このほかにも、二〇一四年に、一〇代、二〇代の女性に性風俗店のスカウトグループが違法に金銭を貸し付けて返済のために売春を強要するケースも人身取引事犯として報告されています。

人身取引はよく外国籍女性の問題でしょ？　と言われます。だから、自分にとって遠い話、自分の生活にあまり関係ない話と思う人が多い。しかし、よく見て！　と言いたい。統計や事例を見ると、むしろ日本社会のなかから噴き出している問題でもあることがわかります。

米国国務省では毎年、人身取引年次報告書を出しています。これは各国の人身取引の状況とその対策を評価したものですが、最新の報告書では、日本のＪＫ産業、ＪＫお散歩とかＪＫコミュニケーションとかいろいろありますが、「女子高生」を売りにした性的サービスが人身取引の温床になっているのではないかと指摘されました。また、二〇〇八年の国籍法改正によって日本国籍を取得して来日したＪＦＣ（ジャパニーズ・フィリピーノ・チルドレン）が就労先で搾取されているケースもＮＧＯによって報告されており、そのなかに人身取引と言えるケースがあると指摘されています。このように、人身取引問題は決して「外国人」だけの問題ではないのです。

「性奴隷」という概念でつながる「慰安婦」制度と人身取引問題

最後に報告の結びとして三点あげたいと思います。

まず一つ目は、「慰安婦」制度と人身取引問題は「性奴隷」という概念でつながっているという点です。慰安婦問題と人身取引問題は別個の問題として扱われていますが、「性奴隷制」という側面から見れば、両者はつながります。「慰安婦」は過去に起こった被害の問題、人身取引は現在起こっている被害の問題というように別々に分けるのではなく、どちらも現在進行形でつながり、続いている問題としてとらえる必要があります。このたび、「慰安婦」関連のシンポジウムで人身取引問題をお話しできたのは、私にとって非常に貴重な機会だったと思います。

二つ目に、日本における人身取引問題は現在「外国籍女性の問題」だけではなく、国籍に関わらない搾取の問題にもなりつつあるということです。

三つ目に、なぜこうした状況がずっと続いているのかというと、日本社会で生きる私たちが、この「性奴隷制」という言葉をあまり考えてこなかった、正面切って認識し理解しようとしてこなかったことが一番大きいのではないでしょうか。だからこそ、「慰安婦」問題もまだ解決されず、人身取引問題も続いている。私たちは「性奴隷制」について考える機会をきちんともうけなければならない。今まで何度か人身取引問題について話してきて、「搾取」という言葉は通じるのですが、「奴隷」という言葉はインパクトが強すぎると思われる方が多いんですね。「奴隷っていうけど、日本にそんな問題があるはずがない」と。しかし、「奴隷」という概念を再度見直してみる必要もあるのではないでしょうか。

金富子　大野さん、ありがとうございました。最後のむすびで明確な主張を出していただいたので、あえてまとめることはしません。本当に生々しく目の前にある問題であるということだと思います。以上、問題提起と三人のパネラーによる報告を終えました。

質疑応答

金　質問がたくさんありますが、順番を変えて、大野さんから順番にお答えいただきます。

Q　アダルトビデオやポルノに出演する女性が奴隷状態にあるのか？

大野　私には二点のご質問と、一つのご意見です。

「アダルトビデオやポルノに出演する女性が前借金する奴隷状態にされていることはあるのでしょうか？」というご質問ですが、こういった状況が人身取引として報告されている例を私は把握していません。しかし、今年八月、弁護士の伊藤和子さんがヤフーニュースで書いていらっしゃいましたが[*1]、二〇歳そこそこの女の子がアイドルやタレントを目指してタレント事務所と契約したが、性的なものを含むポルノに近いようなビデオを撮影することも契約に含まれていて、辞めたいと申し出ても違約金が発生すると脅され

＊1　「AV出演を強要される被害が続出——女子大生が続々食い物になっています。安易な勧誘にのらず早めの相談を」二〇一四年八月一六日
http://bylines.news.yahoo.co.jp/itokazuko/20140816-00038321/
（二〇一五年一月一三日取得）

て逃げられず、半ば強要されたというケースがあるようです。そうすると、アダルトビデオやポルノといった業界でも奴隷状態に陥ってしまう人たちもいると言えるのではないかなと思います。

Q　外国人研修生、実習生も?

大野　次は「日本の人身取引を奴隷制で説明するならば、外国人研修生、実習生奴隷も取り上げたほうがよいのではありませんか?」「米政府、国連からも奴隷制という指摘が言えるのではありませんか?」というご質問です。今回は「慰安婦」問題との関連や、日本では売春強要による人身取引が多く報告されてきたという理由から、性的搾取形態の人身取引を取り上げましたが、ご指摘のとおり、いま、長時間労働や賃金未払いなど外国人研修生・技能実習生が直面している過酷な状況は人身取引問題ではないかと注目されています。私が関わっているNGOでも労働搾取形態の人身取引と言えるのではないかということを一生懸命主張しています。

むずかしいのは、技能実習制度は国がつくったものなので、政府が人身取引問題として認めてしまえば、長年搾取を黙認してきたということになってしまう。ですが、この問題は人身取引問題としてクローズアップされていきます。

もう一つの質問にある米国や国連から奴隷制という指摘が言えるかという

のはそのとおりです。日本は外圧に弱い。国際社会でどのように日本の立場を示すか、政治的プレゼンスの問題になってきますから、外圧を無視することはできないと思います。

Q 「現代の従軍慰安婦」という表現は飛躍？ 男性被害者も

大野 最後に「『現代の従軍慰安婦』という表現は飛躍していると思う。新植民地における性的搾取の問題に絞ったほうがいいと思います。また、こういう性的搾取は女性に限らず男性にもありうる」という質問です。また、「日本におけるマイノリティ差別の脈絡でとらえてほしい」と。

もちろん私もこの意見には賛同します。「現在の従軍慰安婦」という表現はもっと吟味せねばならないかもしれません。しかし、この表現をみたとき、私はたしかに「慰安婦」制度も人身取引も似通った点がいくつもあると思いました。また、歴史をつなげて考えるということは非常に重要だと思い、本日はお話しさせていただきました。たしかに飛躍しているかもしれない。しかし、この飛躍から何か生まれるかもしれないという点で大目に見ていただきたいと思います。

男性にも性的搾取はあるのではという点ですが、もちろん男性の被害者もいます。統計はとれませんが、NGOによって支援された人のなかにはセクシャル・マイノリティの被害者もいます。建築業や漁業、農業など労働者搾取目的での人身取引の被害に遭った男性のケースも、世界中で数多く報告されています。今日はこのシンポジウムのテーマ「性奴隷制」という切り口から見た人身取引問題と考えていただければと思います。

金　それでは前田さんお願いします。

Q　韓国の反日ロビー活動が続いてる？

前田　一つは「韓国の反日ロビー活動がいまだ続いている」という評価をされている方のご質問です。そういう評価を全否定するつもりはありませんが、国連人権委員会に限って言いますと、九〇年代の国連人権委員会では韓国政府はほとんど動かなかった。一九九六年のクマラスワミ報告のときだけ少し動きました。しかし当時、動いていたのはＮＧＯです。先ほど申し上げたＩＦＯＲ、ＷＣＣ世界基督教協議会、アムネスティインターナショナル、反差別国際運動、リベレーション、アジア女性人権評議会といったＮＧＯが率先して動いていました。政府でよく発言したのは朝鮮政府、朝鮮民主主義人民共和国（北朝鮮）ですね。韓国、中国はほとんど発言していません。なぜなら韓国政府は、当時は韓日条約で終わったという姿勢をもっていたわけですね。その意味で国際的なロビーで韓国はむしろ何もしなかったのにあれだけの大問題になった、というのが私の認識です。

安倍首相の件で、クマラスワミ報告書の記述撤回を求める安倍首相の活動についてのご質問です。安倍首相は国会で「わが国が中傷されている」という言い方をしています。受け身で言ってごまかします。ぜひ、能動体で、誰が中傷しているのかと、名指しで言ってもらいたいです。彼が誹謗しているのは国連人権理事会です。女性差別撤回委員会です。人種差別撤廃委員会です。ハッキリ言ってみろと思います。

Q　植民地支配と性奴隷の関連の議論は？

前田　もう一つのご質問は、「当時の議論のなかで植民地支配と性奴隷の関連が議論になったのか」。人権委員会ではあまり議論になっていません。性奴隷という概念で詰めるところまではいきましたが、植民地時代のことは人権委員会ではなくて、その後のダーバンとその宣言に至るプロセスです。そのプロセスで植民地における性的な搾取についてはずいぶん議論しましたが、国連人権委員会ではほとんどなかった。それが私たちの限界だったのだろうと思っています。

最後に、先ほど搾取から所有という部分で説明が足りなかったので付け加えておきます。私たちは所有権の主体になります。主体になるのは近代の人間個人ですが、所有権の主体になることはつまり私たちは所有権の客体にならないということです。客体になれば物、財産あるいは情報ということになります。人間が客体にされるということは、主体の地位を損失することです。それは何を意味するのか。奴隷所有者の側から言えば、私の所有権という問題ですが、奴隷の客体にされる被害者の側から言った場合、さまざまな被害がありますが、法的な観点では、人格権の主体から脱落する、ということになります。英語の民法の本では dishonor 名誉が剝奪される、人格権を剝奪されるというものです。

もう一つ法的な概念で使われるのは、social death とか social dead という言い方です。つまり、社会的に死んだものと見なされる、ということですね。これはあらゆる権利の行使の担い手でなくなるわけです。それはたとえば、居住移転の自由も、職業選択の自由も、あるいは教育を受ける権利、その他もろもろの権利の主体の地位を失うということで dishonor と social dead、これが所有権の客体になることの意味であると。こうしたことからしても、「慰安婦」問題とはまさに所有権の客体にされた奴隷の地位で、なおかつ性的搾取を受けたという点で性奴隷であることは明らかです。現在、被害者が尊厳の回復を求めていることの意味がよくわかります。

金　それでは小野沢さんお願いします。

Q　国家権力が公娼制度は必要だと考えた論理は？

小野沢　二つほど質問いただいています。一つは、「戦前公娼制度が廃止されていなかった時代に、国家権力が公娼制度は必要だと考えた論理はどのようなものだったのでしょうか？」です。簡単に言いますと、一つが性病の予防、もう一つが強かんの防止。要するに、はけ口である場所がないと必ずや男性が強かんしてしまうから強かん防止のための場所をつくらなければならないという男性観です。そして、性病が広がらないために、彼女たちの健康のためではなく、客にうつさないため娼婦たちに対する性病検査が必要であるという考え方です。これが二大論理だった。「慰安婦」を必要とする論理と驚くほど似ています。

ちなみに、売春している女性たちへの性病検査によって性病を予防するのは無理であり、有効な方法ではないことはすでに戦間期に性病予防の専門家たちが判断しています。また、性病予防と強かん防止は、戦後の占領軍向け慰安施設にもつながっていく発想であることを申し上げておきます。

Q　人身売買は大日本帝国憲法にすら違反していたのではないか？

小野沢　もう一つの質問は、「国家権力の正当性の根拠は日本国憲法を持たずとも近代においては人権の尊重、人権の擁護である。大日本帝国憲法下、あるいは芸娼妓解放令が発令された時点でそうだったのではないでしょうか」というもので、今後その点を重視したいというご意見です。この方がおっしゃっているように、今日私が話したような、女性に対しての人身売買は大日本帝国憲法にすら違反しているのではないか、という点はとても重要で、私も今後の課題として勉強を深めたいと思いました。

最後に申し上げたいことは、先ほど大野さんが歴史をつなげて考えることが重要とおっしゃっていたのに私も同感だということです。今日お話ししてみてあらためて思ったのは次のことです。戦前の日本政府は女性の人身売買を、何度も機会がありながらちゃんと禁止したり取り締まる措置を取らなかった。戦前においても奴隷に等しいという認識があったにもかかわらず、それを禁止する措置を取らずに、国際社会には人身売買はありませんと言い続け、日中戦争を迎えてしまった。その結果、女性を大っぴらに売買する業者が取り締まりも受けずに非常にたくさん社会に存在したまま、戦争を迎えたということですね。

今日わかってきていることは、そういう民間のさまざまな手口の人身売買業者たちが「慰安婦」の徴集にあたって活躍をしていた、軍の手先になっていたということなんですよね。「慰安婦」問題はもちろん軍の主導した犯罪ではありますが、人身売買業者がもっと実行力をもって取り締まられていたならば、「慰安婦」被害もここまでひどいことにはならなかったのかもしれないと思われてなりません。そういう意味で、問題を持ち越すことの重大性を感じました。ですからいま、「慰安婦」問題についての責任を日本政府がきちんと果たし、問題を持ち越さずに解決することは、現在や未来の人身取引問題にとっても重要なのではないかと、今日は歴史をつなげて考えてみてあらためて実感したところです。

金　吉見先生に質問が集中していますが、かいつまんでお願いします。

Q「生まなましい話は聞くに堪えない」「証言が怪しい」に答えるには？

吉見　全部お答えできるかどうかわかりませんが、いくつかお答えします。

一つは、「慰安婦制度の命令系統はどうなっているのですか？」というご質問ですが、「慰安婦」制度の命令系統については、一九九五年に『共同研究　日本軍慰安婦』[*2]という本が出ていますので、それをご参照いただければと思います。たとえば、一九三八年には陸軍大臣副官通牒が出ているので、陸軍大臣に当然責任があるでしょうね。現地の軍司令部、主に参謀部が慰安所をつくることを担当し、参謀長が慰安所をつくれという指示を出したりしていますので、現地の軍司令官にも責任があることは明らかでしょう。

次のご質問は、「大学でとくに男子学生たちがこういう生々しい話は聞くに堪えないという。そういう反応に対してどうしたらいいでしょうか」というものです。もしあなたの親族、お姉さんや妹さんやいとこなどがこういう目に遭ったらどう思いますか？　というようなところから問題を考えてみる

＊2　吉見義明・林博史編著『共同研究　日本軍慰安婦』大月書店、一九九五年。

よう投げかけてみたらどうでしょうか。また、今日のお話にもありましたように、現代のわれわれが生きている同じ社会のなかで人身取引が起こっているという問題、それから、いまも世界中で武力紛争があり、そのなかでも同じような問題が起こっていて、それが止められないという問題がある。被害者はわれわれが生きている同じ社会で苦しんでいるというところから入っていくと、もしかするとちがった反応があるのでないか、と思います。

次に、「とくに男子学生が「証言が怪しい」と言って耳を閉ざしてしまう傾向に対してどう対処したらいいのか」というご質問です。一つは、書かれた資料と証言のどちらが価値が高いのか、価値の差があるのかという点については、価値の差はないと僕はいつも言っています。つまり、書かれていることも、話されている証言も、どちらもきちんとした資料批判を行なったうえであれば、採用できるかできないか判断できる。書かれたもの（書証）にしても、証言にしても、裁判でいうと反対尋問にあたるような、資料批判に耐えたものであれば証拠としての価値を持つということでしょう。とくに、慰安所に入れられた女性たちがどのような被害を受けたのか、あるいはどのように感じたのかということは（とりわけ後者については）、被害者の証言以外にそのことを明らかにするものはないわけですから、それが一番大事なものになるのではないかと思います。

Q「慰安婦」の数は？

吉見　次は、「慰安婦の人数についていろいろな説があるけれども、ちょっと誇大に扱われている部分もあるのではないか」という質問です。残念ながら慰安所に入れられて被害に遭った女性たちが何人なのかは、正確に算定する資料がありません。推定によるしかないのですが、僕が用いている推計は、僕の論争相手である秦郁彦さんが一番最初に提案した推計方法にもとづいています。秦さんの最初の算定基準は、開戦時海外に派遣された日本の陸海軍の兵力は最大で三五〇万、そのうち最前線には「慰安婦」がいなかったとしてその軍人の数を三〇〇万とすると言っています。軍人何人当たり一名の「慰安婦」と計算するのかということですが、現在の資料状況ですと、陸軍は一〇〇人に一人という明確な基準をもっているわけですね。これは公文書にはっきり書いてあります。すると、ある時点で三万人という数が算定できます。これが一・五交代すると四万五千、二交代すると六万ということになりますので、最低でも五万ということになると思います。

さらに、このように軍が上から設置していく慰安所とは別に、各部隊が勝手につくる慰安所があるので、それは加算しなければならない。今日のフィリピンからの証言者の方のように、現地の部隊が拉致・監禁してレイプするというケースが非常に多いわけですが、この数がどれくらいになるのか、想像がつかないほど非常に多かったと思います。

そうすると、全体でかなりの数になると思うのですが、それを正確に何人と言うのはちょっと無理だと思うんですね。ですから僕は最低でも五万以上だと言っています。

Q『朝日新聞』の検証記事への評価は?

吉見 次のご質問は、「八月の『朝日新聞』の吉田証言の取り消しをどのように評価しますか?」というものです。これもなかなかむずかしいのですが、端的にいえば、この記事は『朝日新聞』がこれから積極的に「慰安婦」報道をしようとして過去の問題点を検証するという性格のものではなかったようです。現場の記者の意向とは別に、『朝日新聞』のトップは、これから「慰安婦」報道から撤退するための検証として考えていたとしか見えない。そういう意味では、記事として決していいものではなかった、あるいは非常に出来の悪いものだったと考えるしかないと思っています。

安倍首相は強制連行はなかったと言っていますが、彼が言う強制連行は軍・官憲が暴力を用いて連れていくというケースだけです。しかし、実際には、とくに朝鮮・台湾では軍・官憲が直接現場で徴募するのではなく、業者を選定して業者にやらせる方法をとっていました。業者は誘拐とか人身売買によって女性たちを海外に連れていくわけですが——これは前田さんのお話のように犯罪であったわけですが——その犯罪行為によって海外に連れて行かれた女性たちを、現地の軍は自ら慰安所をつくり、そこに入れてしまいますので、業者と共犯関係が生まれる。共同正犯になるということでしょうか。また、軍が「慰安婦」制度をつくらなければ、こうした問題は起こらなかったわけですから、軍の責任のほうが重いということにもなるかと思います。

『読売新聞』は最近パンフレットを各戸配布して、私の家にも入っていましたが、陸軍省はよい関与をした、などというとんでもない議論をしています。軍が「慰安婦」制度をつくらなければこのような問題は起きなかったわけですから、そのことだけをとってもよい関与であるはずがない。関与という言葉自体に問題があるのであって、軍「慰安婦」制度は軍がつくったもの、しかもその「慰安婦」制度では女性たちの自由を奪って慰安所のなかに拘束したのですから、よい関与と言われる余地はどこにもない。

また、残念ながら、『朝日新聞』はそのあたりがあまりはっきりしていなくて、たとえば、僕は『朝日新聞』のインタビューを受けたときに、誘拐も強制連行ですよ、人身売買も本人の意思に反する強制になるんじゃないですかと言いましたが、そこのところが曖昧にされています。また、軍の関与という言い方はおかしいのであって、せめて軍の深い関与と書いたらどうですかと言ったのですが、深い関与という表現は取れないという返事が返ってきました。そういう意味で、あまりよい記事ではないものになってしまったと思います。

金　ご質問していただいたみなさん、ありがとうございました。質問に対して明確にていねいに答えていただきましたパネラーのみなさん、吉見さん、ありがとうございました。

私へも質問がありまして、私というよりは制作委員会への質問だと思いますが、Fight for Justice の最終的な目標とそれを実現させるための具体的な戦略は何か、という内容です。最終的な目標は、「慰安婦」問題の解決です。そのために「慰安婦」問題の事実、事実にもとづく歴史認識を日本や世界に広げていくことです。そのためには「慰安婦」問題の事実関係を知ってもらうためのコンテンツを充実させていきたいと考えています。そのためにお知恵とご支援をぜひお願いしたい。サイト内から問い合わせできますので、ご意見・ご提案を送っていただければと思います。

それではここでシンポジウムは終わります。パネラーのみなさん、どうもありがとうございました。

岡本　今日の資料のなかに、サイト委員会も関わっているのですが、『朝日新聞』の報道について検証する第三者委員会についての研究者・弁護士の要望書[*3]を一〇月九日に出しました。こうした要望書以外にも、さまざまな形で私たちの意見をメディアに投げかけていったほうがいいと思います。

最後になりましたが、林博史さんに締めていただきたいと思います。

林　みなさん、今日はほんとうにありがとうございました。こんなにたくさ

＊3　「朝日新聞の慰安婦報道について検証する第三者委員会」についての研究者・弁護士の要望書 研究者・弁護士の要望書は、ここから読めます。http://fightforjustice.info/?p=3392

んの人が来るとは思っていませんでしたので、最後まで熱心に立って聞いてくださった方も含め、参加していただいたみなさんへお礼申し上げます。

最近、この問題をめぐってあちこちの講演会に行くと、主催者も驚くような多くの人が集まって、やはりみなさん危機感を持っているんだなと思います。時間がないのでシンポジウムの内容を振り返ることはできませんが、たとえば、日本軍「慰安婦」は悪くないんだ、とか、強制連行じゃないから人身売買は仕方ないとか、公娼制は良かったんだという、ひたすら過去の日本軍を正当化することでしか自分を慰められない人々は、これからの日本のあり方をいったいどう展望できるのでしょうか。「慰安婦」制度のようなひどい犯罪の事実をきちんと直視して被害者に償い、二度と繰り返さない、そのうえで、日本はそうした過去を克服したのだから、その経験を生かして、世界でこのようなことが二度と起きないように積極的に世界に働きかけるんだという前向きの未来志向こそが必要ではないでしょうか。

今日のシンポジウムにおいて、歴史の問題から現代の問題まで取り扱っていただきましたけれども、私たちがどういった日本をつくるのか、つまり、本当に女性の人権が保障されるということは、私は同時に男の人権が保障されることだと思います。慰安所の前に列をなしている兵士たちを見ると、男たちがまともな人間として扱われていないことを痛感します。もちろん非人間化された男の相手をさせられる「慰安婦」の女性たちはいっそう非人間的な扱いを受けていることは言うまでもありませんが。

女も男も人間らしく生きることができる社会をつくる、そういう未来を展望し、つくっていくことが私たちの運動だと思っています。日本社会のなかでその取り組みをみなさんと一緒に進めていきたいと思います。今日は本当にありがとうございました。

3

特別寄稿

「慰安婦」制度は、性奴隷なのか
——国際法の視点から

東澤靖

「慰安婦」制度に対しては、これまで国連の人権条約機関や各国の議会決議が、性奴隷であったとして非難し、被害者の救済や責任者の処罰を求めてきました。対照的に日本国内では、そのような国際的な潮流に挑戦するかのように、「慰安婦」制度は性奴隷ではないとの主張が繰り返されています。「慰安婦」制度は、性奴隷なのかどうか、この問題を国際法の視点から、少し詳しく見てみることにします。

1　性奴隷とは何か

性奴隷という用語自体が国際社会に登場したのは、比較的新しいことです。一九九三年に開催された第二回世界人権会議は、世界中の人権侵害に対処するためにウィーン宣言および行動計画を採択しました。そのなかで、武力紛争における女性の人権侵害が国際人権法および国際人道法の基本的原則の侵害であるとし、そうした人権侵害として、「特に、殺人、組織的レイプ、性奴隷及び強制的妊娠」をあげていました（II－38項）。これは、当時問題となっていた旧ユーゴスラビア紛争などにおいて、女性を性的な目的のために奴隷化することが繰り返され、それを重大な人権侵害として非難する必要に迫られたからです。

性奴隷という言葉は、その後も第四回世界女性会議（一九九五年）の北京宣言および北京行動綱領など、数多くの国際文書で使用されるようになっていきました。また、その頃に設置された旧ユーゴスラビア国際刑事法廷（ICTY：一九九三年）やルワンダ国際刑事法廷（ICTR：一九九四年）は、武力紛争下での奴隷制（Slavery）やレイプを人道に対する罪としていましたが、そのもとで性奴隷の行為も訴追されるようになっていきました。

性奴隷を国際犯罪として明確に定めたのは、一九九八年に採択された国際刑事裁判所（ICC）規程です（ICC規程）。ICC規程は、奴隷化と並んで、性奴隷を人道に対する罪や戦争犯罪の一つとして定めています（七条八条）。日本政府は、ICC規程の採択において賛成票を投じ、また、二〇〇七年にはICC規程を批准しています。

■「性奴隷」という言葉の登場
一九九三年、第二回世界人権会議のウィーン宣言および行動計画
一九九五年、第四回世界女性会議の北京宣言および北京行動綱領
一九九八年、国際刑事裁判所（ICC）規程で、性奴隷を人道に対する罪や戦争犯罪の一つとして定めた。

性奴隷とは、性的行為を行なわせるための奴隷制

ICC規程とその付属文書（犯罪構成要件に関する文書）は、性奴隷と

いう行為が、二つの要素によって成立するとしています。一つは、人に対し「所有権に伴う権限を行使した」ことであり、これは後に述べる奴隷制と同じ要件です。もう一つは、「性的性質を持つ行為に従事させた」ということです。つまり、性奴隷とは、奴隷制にあたる行為のなかで性的行為を行なわせるという奴隷制の一類型である。簡単に言えば、性的行為を行なわせるための奴隷制だということになります。なお、ＩＣＣ規程の付属文書は、奴隷制すなわち「所有権に伴う権限を行使した」という要件について、それは「強制労働を課すことや人を隷属状態に置くことを含む」という注釈も加えています。

このように性奴隷とは、奴隷制の一類型です。ですから、「慰安婦」制度が性奴隷にあたるのかどうかを考えるためには、奴隷制とは何かを振り返ってみなければなりません。

2　長らく国際法違反とされてきた奴隷制

奴隷制は、国際法の長い歴史のなかで、国際法が禁止する行為であり、処罰されるべき行為だとされてきました。

奴隷制とは何かを明確に定めた国際条約は、一九二六年の奴隷制条約（奴隷貿易及び奴隷制を抑止する条約）であるとされます。そこでは、「奴隷制とは、所有権に伴ういずれか若しくはすべての権限が行使される者の地位又

■国際法のなかの奴隷制
一九二六年、奴隷制条約（奴隷貿易及び奴隷制を抑止する条約）
一九五六年、奴隷制廃止補足条約（奴隷制、奴隷取引並びに奴隷制に類する制度及び行為の廃止に関する補足条約）は、奴隷制に加えて、奴隷制に類する制度や行為を廃止の対象に加えた。

は状態をいう」とされていました。つまり、奴隷制とは、「所有権に伴う権限を行使される地位又は状態」がつくり出されることであり、人をそのような地位または状態に置くことが奴隷制であるとして禁止されたのです。

「所有権に伴う権限」の行使というときに、私たちが典型的に思い浮かべるのは、アフリカ大陸からの黒人奴隷貿易のように人そのものが売り買いされる状況でしょう。しかしながら、奴隷制条約が成立した後に奴隷制の概念をめぐって積み重ねられてきた国際文書、各国の判例、そして国際的な裁判所の判例は、「所有権に伴う権限」をもっと多くの要素から総合的に考えるようになってきました。

たとえば、オーストラリア連邦最高裁判所は、債務返済のために外国人女性らに売春行為を強要していた行為を、奴隷制の罪で有罪としました（The Queen v Tang, HCA 39 二〇〇八年八月二八日判決）。この最高裁は、「所有権に伴う権限」を、購入の目的物とする権限、労働を制限なく使用する能力、移動を支配し制限する権限、釣り合った報酬なく使用する権限などの諸要素から判断しました。

また、前述のＩＣＴＹにおいては、奴隷制の成否について、移動・物理的環境・心理的な支配、逃亡の防止・抑止のために取られる措置、力による威嚇・強要、継続した期間、排他性の主張、残虐な取扱いや虐待、セクシャリティの支配、強制労働などの要素から判断しました（Prosecutor v Kunarac et.

AIs. 公判裁判部二〇〇二年六月一二日判決）。同じようにICCも、移動の自由の制限、逃亡の試みを阻止し挫折させる措置、心理的・物理的強要、強制労働に従事する義務、脆弱性、社会経済状態などを、「所有権に伴う権限」を判断する要素としました（Prosecutor v Katanga 公判裁判部二〇一四年三月七日判決）。

奴隷制の本質は、被害者たちの置かれた状態

ここで重要なのは、奴隷制であるかどうかは、被害者たちが実際にどのような状態に置かれていたかによって判断されるということです。そのような状態につれられてきた方法や手段、つまり、強制されたのか、騙されたのか、同意していたのかといった点は、奴隷制かどうかを決める本質的な問題ではありません。そして奴隷制の状態にあるかどうかは、被害者に対して支配を行使していたこと、つまり、個人としての自由を著しく剥奪していたことによって判断されるということです。*1

「慰安婦」制度について、奴隷制ではないとする論者のなかには、「奴隷制とは他人の所有物として扱われることだ」、「『慰安婦』は厳密な意味で『所有』されていたわけではない」と主張する者もあります。しかし、奴隷制における「所有権に伴う権限」とは、決して「所有権」そのものと同視されてきたわけではありません。所有権を行使する場合と同視されるような支配や自由

＊1　「二〇一二奴隷制の法適用に関するベラジオ＝ハーバード・ガイドライン」ガイドライン2

の著しい剥奪を行なうこともまた、「所有権に伴う権限」として奴隷制と評価されているのです。

なお、前述の奴隷制条約を拡充するものとして一九五六年に成立した奴隷制廃止補足条約（奴隷制、奴隷取引並びに奴隷制に類する制度及び行為の廃止に関する補足条約）は、奴隷制に加えて、奴隷制に類する制度や行為を廃止の対象に加えました。また、一九九〇年代以降の国連の人権機関では、現代的形態の奴隷制という名称のもとで、奴隷制をなくすための取り組みが続けられています。そうした取り組みのなかでは、人身取引、売春からの搾取、児童ポルノ、武力紛争下の子ども、子ども兵士、臓器摘出、近親姦、移住労働者、セックス観光、不法養子縁組、早婚など、現在起こっている多くの問題が、現代的形態の奴隷制というテーマのもとで議論されています。こうした現代的形態の奴隷制は、必ずしも従来の奴隷制の定義に合致するものではありません。しかし、奴隷制に近い行為をもなくしていくことに、国際社会の強い関心が向けられていることを知ることは重要でしょう。

3　「慰安婦」制度と奴隷制・性奴隷

では、戦前に旧日本軍が関与した「慰安婦」制度は、これまで述べてきた奴隷制、ひいては性奴隷にあたるような犯罪行為だったのでしょうか。

ここで、いったん思い起こさなければならないのは、実際に行なわれた「慰安婦」制度には、その地域によって、あるいは状況によってさまざまな形態があったということです。「慰安婦」制度の被害の内容を見れば、そこには大きく分けて二つの場合がありました。典型的なケースは、朝鮮半島や台湾など日本の旧植民地で徴集された女性が、日本の占領地域や前線に設置された軍慰安所に連れて行かれて慰安婦とされたというものです。他方で中国やフィリピンなど戦闘が激しい地域においては、日本軍によって現地の女性たちが集められ、現地の部隊が設置した場所に収容されました。そうした収容は、村々に対する襲撃や住民虐殺と併せて実施される場合がほとんどでした。

形はさまざまではあっても、そこには共通する特徴があります。まず、そうした施設の目的は、集められた女性たちを、多数の日本将兵による性的行為の対象とするということでした。また、そうした性的行為を行なわせるために、集められた女性たちは、暴力、威嚇、虐待などの手段によって性交を強要され、また、監視されたり逃亡困難な地域におかれ自由な移動や逃亡が困難な状態に置かれていました。さらに、徴集される際に暴力による強制や騙しが用いられたり、報酬の支払いがなされない場合も少なくなく、さらなる非人道性が加わりました。

このような状況に置かれた女性たちは、その行動を他人によって支配され、個人としての自由を著しく剥奪された状態にあったという点で、奴隷状態にあったと言うことができます。そして、そのような奴隷状態が、性的行為を行なわせることを目的としてなされていたという点で、それは性奴隷の状態でした。もちろん、数多くの地域と事例のなかには、女性たちが自分の意思で移動することや拒否することが自由だったという場合も、例外的にあったかもしれません。しかし、そのような例外をあげることによって、「慰安婦」制度が通常持っていた本質が変わるわけではありません。

「慰安婦」制度が、奴隷制であり、性奴隷であることは国際的な認識

「慰安婦」制度が、奴隷制であり、性奴隷であることは、日本以外では広く受け入れられ、そのことに対する反論は、日本以外からはありません。

早くは一九九六年に、国連人権委員会（当時）で女性に対する暴力の特別報告者が、「慰安婦」制度を軍用性奴隷であったと認定しました（クマラスワミ報告）。一九九八年には、国連人権委員会の下部機関である人権小委員会において、戦時の性暴力に関する特別報告者が、「慰安婦」制度を国際法にもとづいて性奴隷と認める報告書を提出しました（マクドゥーガル報告）。

最近では、「慰安婦」問題の解決を繰り返し日本政府に勧告してきた人権条約機関も、「慰安婦」問題を性奴隷の問題と捉えています。拷問禁止条約のもとで拷問禁止委員会は、第二回政府報告書の審査を踏まえて、日本政府に対し「第二次世界大戦中の日本軍の性的奴隷行為の被害者」への対応を勧告しました（二〇一三年）。また、国際人権規約のもとで自由権規約委員会は、

■「慰安婦」制度を性奴隷とする国際法のおもな流れ
一九九六年、国連人権委員会（当時）で女性に対する暴力の特別報告者が「慰安婦」制度を軍用性奴隷であったと認定（クマラスワミ報告）。
一九九八年、国連人権委員会の人権小委員会で、戦時の性暴力に関する特別報告者が、「慰安婦」制度を国際法にもとづいて性奴隷と認めた（マクドゥーガル報告）。
二〇一三年、拷問禁止委員会が日本政府に対し「第二次世界大戦中の日本軍の性的奴隷行為の被害者」への対応を勧告
二〇一四年、自由権規約委員会が「戦時中日本軍により行われた性奴隷制」への対応を勧告。

第六回政府報告書の審査を踏まえて、「戦時中日本軍により行われた性奴隷制」への対応を勧告しています[*2]（二〇一四年）。

加えて各国などの議会においても、「慰安婦」問題の解決を求める決議が繰り返されていますが、「慰安婦」制度は、性奴隷の問題だというのが共通認識になっています。アメリカ（二〇〇七年、性奴隷制）、カナダ（二〇〇七年、性奴隷化）、欧州連合（二〇〇七年、性奴隷制度）、韓国（二〇〇八年、性的奴隷化・軍用性奴隷制）、台湾（二〇〇八年、性的奴隷化・軍用性奴隷）。

このように「慰安婦」制度を性奴隷と捉える見方は、国際社会では一般的なものとなっています。実際に、すでに見た一九九〇年代の性奴隷という考え方が登場し発展するなかで、「慰安婦」制度の被害者や、その救済を求めるNGOや専門家は、「慰安婦」制度をめぐる歴史的事実や実態を広く国際社会に訴えてきました。そのような訴えが、性奴隷は国際法に違反するものであり、国際犯罪として処罰されるべきだという共通認識を国際社会に確立するために、大きな役割を果たしてきたのです。

4　性奴隷であることを否定する主張

ところが、日本国内では、「慰安婦」制度が性奴隷であることを声高に否定する主張は跡を絶ちません。そして、「慰安婦」制度が性奴隷であったという国際的には一般的な事実を認めることは、ねつ造であって日本の名誉を

＊2　国連の人権諸機関による対日本勧告（日本軍「慰安婦」問題関連部分）については、Fight for Justice ブックレット1『「慰安婦」・強制・性奴隷――あなたの疑問に答えます』日本軍「慰安婦」問題 web サイト制作委員会編、吉見義明・西野瑠美子・林博史・金富子責任編集、御茶の水書房、二〇一四年、一四六～一四八頁参照。

傷つけるものだというのです。

しかしこうした否定の主張が何を根拠としているのかは、その根拠まで語られることはまれであり、また、語られてもその内容は主張する者によってさまざまです。そこでここでは、代表的なものを検討することにします。

日本政府の立場

まず、日本政府の立場を見てみましょう。実は、日本政府が国会などの公の場で、「慰安婦」制度が性奴隷であったことをはっきりと否定した例は、あまりありません。安倍総理大臣が、答弁のなかで、「日本が国ぐるみで性奴隷にした、いわれなき中傷が今世界で行われているのも事実であります。」（衆議院予算委員会二〇一四年一〇月三日）と述べたことがありますが、それは例外と言えるでしょう。しかも否定する根拠については、何も示されていません。

この点では、かつて日本政府は、一九九六年にクマラスワミ報告に対する反論を提出したことがありました。このときは、いったんは性奴隷についての見解も含めた詳細な反論を作成したものの、詳しすぎるという指摘を受けて簡潔な文書を作成して提出しなおしたとのことです（岸田文雄外務大臣答弁二〇一四年一〇月一五日）。最初の反論で日本政府は、奴隷制であったと評価するのは「法的観点から著しく不適切である」とし、その理由として、日本政府による事実調査の結果では「そのような『地位又は状態』が特定されたとは証明されていないし、それゆえ『慰安婦』制度が国際法のもとでの『奴隷制』の定義に該当すると主張することは困難である」と述べていました。しかし、この反論は具体的に「慰安婦」制度のどのような点が、奴隷制の「地位又は状態」にあたらないのかを指摘することはしませんでした。また、この反論は、たとえ奴隷制にあたったとしても、奴隷制は当時の国際法では禁止されていなかったし、日本は一九二六年奴隷制条約の締約国ではないという逃げ道を伴ったものでした。そして提出しなおしたという「簡潔な文書」では、奴隷制や性奴隷制については、何も触れられていませんでした。

最近になって日本政府は、二〇一四年の自由権規約委員会の審査で、委員に対し日本政府代表団が、「性奴隷との表現は不適切である」と表明しました。このことは、日本政府が公の場で性奴隷の表現を否定したのはきわめて珍しいとして報道されました（『産経ニュース』二〇一四年七月一六日）。日本政府代表は、委員から不適切だとする根拠を問われ、「慰安婦」制度が一九二六年奴隷制条約の奴隷制度の定義にあたるとは考えていないと回答したものの、それ以上に奴隷制度の定義にあたらないとする具体的な理由は明らかにしませんでした。

「慰安婦」制度が一九二六年奴隷制条約の奴隷制、特に「所有権に伴う権限」が行使された「地位又は状態」にあったことはすでに詳しく指摘したとおり

配布されたものは、「Japan's Policy on the Issue of Violence against Women and"Comfort Women" (E/CN.4/1996/137)」（一九九六年）撤回されたものは「Views of the Government of Japan on the addendum 1. (E/ CN.4/1996/53/Add.1) to the report presented by the Special Rapporteur on violence against women」（一九九六年）

です。仮に日本政府が、「慰安婦」制度は、そのような「所有権に伴う権限」を欠いていると考えているのであれば、それを明らかにして国際社会に問いかけるべきでしょう。しかしそのような解釈は、国際社会の一般的な理解とは、大きくかけ離れているのです。

ほかにも、性奴隷を否定する根拠として、募集は強制的ではなかった、報酬が支払われていた、ある程度の自由は与えられていた、といった主張がなされることがあります。「慰安婦」制度の被害者がどのようにして集められ、どのような状態に置かれていたのかは、被害の実態に関わる問題であり、このブックレット1[*3]で詳しく検討されています。

しかし、国際法の視点から言えば、すでに指摘したように、奴隷制は被害者が置かれた状態によって認定されるものであって、どのように集められたのかは本質的な問題ではありません。

また、報酬の支払いがあったとしてもそれだけで奴隷状態が否定されるわけではなく、それが提供する労働に釣り合わない報酬であればなおさらです。そして「ある程度の自由」は、見知らぬ国や地域に連れて行かれた被害者が、自らの意思で自由に「慰安所」から逃げ出す自由があったのかという観点から考えられるべきでしょう。

さらに、戦闘の激しい地域において、日本軍が村々を襲撃するなかで現地の女性を連行して設置した「慰安所」というよりもレイプ・センターには、

＊3　Fight for Justice ブックレット1『「慰安婦」・強制・性奴隷——あなたの疑問に答えます』日本軍「慰安婦」問題 web サイト制作委員会編、吉見義明・西野瑠美子・林博史・金富子責任編集、御茶の水書房、二〇一四年。

■参考資料
原告吉見義明・被告桜内文城：損害賠償等請求事件（東京地方裁判所）において提出された、阿部浩己「意見書」二〇一四年一一月五日。『日本軍「慰安婦」制度はなぜ性奴隷制度と言えるのか』YOSHIMI 裁判いっしょにアクション！編集・発行（二〇一四年）に収録。http://www.yoisshon.net

奴隷制を否定するような要素はまったく存在しなかったと言えるでしょう。

5　まとめ

性奴隷とは、性的行為を行なわせるための奴隷制であり、奴隷制の一形態です。

奴隷制は、「所有権に伴う権限」を行使できる状態に人を置くことであり、人を支配や自由の著しい剝奪のもとに置くことです。

「慰安婦」制度は、その形態は地域や状況によってさまざまであっても、その本質は、被害者の女性たちを性的行為を行なわせるために、支配や自由の著しい剝奪のもとに置くものでした。

そうした意味で、「慰安婦」制度は性奴隷であり、そのように考えることが、国際社会のなかで共通認識となってきました。

他方で、性奴隷であることを否定する主張は、その否定の根拠を国際法にもとづいて明らかにしていません。日本政府も、この点については、性奴隷の否定やその根拠を、国際社会に明らかにしてきていません。また、わずかに述べる奴隷制条約の解釈も、とうてい国際社会を納得させるようなものではありません。

■参考文献
東澤靖「ICCにおける被害者の地位　―実現された制度と課題」村瀬信也・洪恵子編『国際刑事裁判所――最も重大な国際犯罪を裁く（第2版）』東信堂、二〇一四年。
東澤靖『国際刑事裁判所と人権保障』信山社、二〇一三年。
ステファニー・クープ『国際刑事法におけるジェンダー暴力』日本評論社、二〇一二年。
東澤靖「紛争下の性的暴力と国際法の到達点」金富子・中野敏男編著『歴史と責任「慰安婦」問題と一九九〇年代』青弓社、二〇〇八年。
東澤靖『国際刑事裁判所　法と実務』明石書店、二〇〇七年。

あとがき——謝辞

昨年一〇月に発行したFight for Justiceブックレット1『「慰安婦・強制・性奴隷　あなたの疑問に答えます』は、発行から二週間余りで重版となりました。今回、ブックレット2『性奴隷とは何か　シンポジウム全記録』の出版にあたっても、さまざまな方々のご協力をいただきました。特別寄稿をいただいた東澤靖さん、連帯アピールをしていただいたフェリシダット・デ・ロス・レイエスさんとレチルダ・エクストレマデュラさん、シンシア・エンローさん、韓洪九さん、キャロル・グラッグさんには「3分メッセージ」の収録をご快諾いただきました。ブックレット1に続き、慰安所マップの転載をご快諾いただいたアクティブ・ミュージアム「女たちの戦争と平和資料館」(wam)、サイトにも本書にもイラストを描いてくださった壱花花さん、そして韓国フェミニズム・アートを代表するユン・ソクナムさんが今回も表紙に作品を提供してくださいました。最後になりましたが、厳しい出版状況のなか、引き続き出版を引き受けてくださった御茶の水書房代表の橋本盛作さん、今回もていねいに編集してくださった風工房の岡本有佳さんに感謝します。

なお、ブックレット第三弾として、『植民地の「慰安婦」——朝鮮人「慰安婦」と植民地支配責任」(仮)を今夏に刊行する予定です。

二〇一五年三月一二日

日本軍「慰安婦」問題webサイト制作委員会

著者プロフィール

●吉見義明（よしみ よしあき）
東京大学大学院人文科学研究科修士課程修了。日本現代史。中央大学商学部教授。著書に、『従軍慰安婦』（岩波新書）、『日本軍「慰安婦」制度とは何か』（岩波ブックレット）、『焼跡からのデモクラシー』（全２巻、岩波現代全書）など。「慰安婦」問題webサイト制作委員会共同代表。

●小野沢あかね（おのざわ あかね）
日本近代史・女性史。立教大学教授。著書・論文に、『近代日本社会と公娼制度――民衆史と国際関係史の視点から』（吉川弘文館）、「米軍統治下沖縄における性産業と女性たち」『年報　日本現代史　第18号　戦後地域女性史再考』（現代史料出版）、『日本人「慰安婦」――愛国心と人身売買と』（共著、現代書館）など。

●前田朗（まえだ あきら）
刑法・国際人道法。東京造形大学教授。著書に『ジェノサイド論』『人道に対する罪』（青木書店）、『軍隊のない国家』（日本評論社）、『ヘイト・スピーチ法研究序説』（三一書房）など。編著『21世紀のグローバル・ファシズム』（耕文社）など。

●大野聖良（おおの せら）
ジェンダー研究。独立行政法人日本学術振興会　特別研究員（ＰＤ）。お茶の水女子大学大学院人間文化研究科博士後期課程修了。博士（社会科学）。同大リーダーシップ養成教育研究センター講師（機関研究員）を経て、2014年より現職。

●金富子（きむ ぷじゃ）
東京外国語大学大学院教授。ジェンダー史・ジェンダー論、植民地期朝鮮教育史。著書に『植民地期朝鮮の教育とジェンダー』（世織書房）、共著に『「慰安婦」バッシングを越えて』（大月書店）、『遊廓社会２』（吉川弘文館）など。

●林博史（はやし ひろふみ）
一橋大学大学院社会学研究科博士課程修了（社会学博士）。関東学院大学教授。日本の戦争責任資料センター研究事務局長。専攻は現代史、戦争・軍隊論。著書に、『共同研究 日本軍慰安婦』（吉見義明・林 博史編著、大月書店）など。

●東澤靖（ひがしざわ やすし）
コロンビア・ロースクール修士課程修了。明治学院大学法科大学院教授。著訳書に、『正しいビジネス』（ジョン・ラギー著翻訳、岩波書店）、『国際刑事裁判所と人権保障』（信山社）、『国際刑事裁判所　法と実務』（明石書店）など。

協力
○慰安所マップ提供：©アクティブ・ミュージアム「女たちの戦争と平和資料館」（wam）
○写真提供：韓国挺身隊問題対策協議会
○撮影協力：秋田琢　追川恵子　永田浩三
○通訳：澤田公伸　○翻訳：李史織　Y.M.　○イラスト：壱花花
○Fight for Justiceサイト制作：岡本有佳　松浦敏尚　成田圭祐（デザイン）
「Fight for Justice――日本軍「慰安婦」：忘却への抵抗・未来への責任」は、日本軍「慰安婦」問題の解決をめざし、日本軍「慰安婦」制度に関する歴史的な事実関係と責任の所在を、資料や証言など明確な出典・根拠をもって、提供することを目的とするwebサイトです。

○10.26シンポジウム賛同団体：YOSHIMI 裁判いっしょにアクション!、アクティブ・ミュージアム 女たちの戦争と平和資料館（wam）、アジア女性資料センター、教えて!ニコンさん!～ニコン「慰安婦」写真展中止事件裁判支援の会、御茶の水書房、日本軍「慰安婦」問題・関西ネットワーク、日本軍「慰安婦」問題解決全国運動、週刊金曜日

性奴隷《せいどれい》とは何か
シンポジウム全記録

2015年4月5日　第1版第1刷発行

日本軍「慰安婦」問題webサイト制作委員会編

吉見義明　小野沢あかね　前田朗　大野聖良
金富子　林博史　東澤靖　著

編集・表紙・本文デザイン＊風工房　岡本有佳
カバー画＊ユン・ソクナム

発行所　株式会社御茶の水書房
発行者　橋本盛作
〒113−0033 東京都文京区本郷5-30-20
TEL 03-5684-0751　FAX 03-5684-0753
印刷・製本　東港出版印刷株式会社

ISBN978-4-275-02012-3 C0036 ¥1200E